할喝
아부지
我富智
지혜를 주셔요

할 아부지喝 我富智 지혜를 주서요

발행일   2025년 3월 17일

지은이   박재율
펴낸이   손형국
펴낸곳   (주)북랩
편집인   선일영   편집   김현아, 배진용, 김다빈, 김부경
디자인   이현수, 김민하, 임진형, 안유경, 신혜림   제작   박기성, 구성우, 이창영, 배상진
마케팅   김회란, 박진관
출판등록 2004. 12. 1(제2012-000051호)
주소   서울특별시 금천구 가산디지털 1로 168, 우림라이온스밸리 B동 B111호, B113~115호
홈페이지 www.book.co.kr
전화번호 (02)2026-5777   팩스   (02)3159-9637

ISBN   979-11-7224-518-4 03220(종이책)   979-11-7224-519-1 05220 (전자책)

(주)북랩 성공출판의 파트너

북랩 홈페이지와 패밀리 사이트에서 다양한 출판 솔루션을 만나 보세요!

홈페이지 book.co.kr   •   **블로그** blog.naver.com/essaybook   •   **출판문의** book@book.co.kr

---

작가 연락처 문의 ▸ ask.book.co.kr

작가 연락처는 개인정보이므로 북랩에서 알려드릴 수 없습니다.

손주 동자와의 대화

할喝
아부지
我富智
지혜를 주셔요

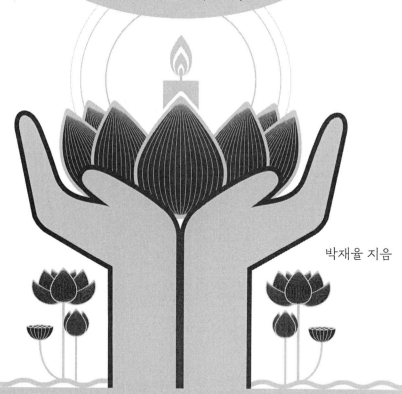

박재율 지음

북랩

책머리

　인천에 있는 용화선원의 원장 송담 스님은 '이 뭣고' 화두로 유명하시고, 망자의 천도로 소문이 자자하시고, 그래서 법당에 모신 위패는 아마 우리나라 사찰 중에서 제일 많을 것이다. 스님이 천도로 유명해진 동기는 물에 빠져 죽은 귀신이 자주 출몰한다는 지역에 가서 천도재를 지내고 난 후에 귀신이 전혀 나타나지 않았다는 소문이 퍼지면서, 많은 사람이 용화선원에 선조의 위패를 모시기 시작하면서 지금도 끊임없이 천도재를 봉행하고 계신다. 스님의 연세 백 세가 다 되어 가는데 아직도 불교방송에서 이 뭣고를 설하신다. '이 뭣고'는 경상도 사투리이고 표준어로는 '이것이 무엇인고'이고 한자로는 '시심마(是甚麼)'라고 한다. 화두는 짧아야 집중이 잘되므로 '이것이 무엇인고' 보다는, 또 한자보다는 사투리지만 '이 뭣고'를 하라고 하신다. 그러면서 하시는 말씀의 요지는 묻지도 말고, 따지지도 말고, 오직 화두 일념에 집중해야만 확철대오의 경지가 온다고 강조하시고 그렇게 수행하라고 신신당부하신다.

그렇게 해서 그런 경지를 얻는 것이 제일 중요하겠지만, 나는 부처님의 말씀을 분석해서 과연 합리적이고 옳은 논리인지 현대 과학지식으로 한번 살펴보고자 한다. 부처님의 많은 설법이 사실은 모든 현상의 원인과 이유를 파악하고 설명하고 그에 대한 해결책을 설명해 주셨으니, 논리적이며 과학적이고 합리적 해결책을 제시 해주신 것이라서 내가 감히 덧붙여 따진다는 것은 언감생심 무엄하게도 그렇게 해서는 안 되는 짓이지만, 현대의 지식과 상식으로 재해석해 보고자 한다. 부처님의 설법이 대기 설법이므로 부처님이 오늘의 젊은 학생들 수준에 맞게 말씀해 주시는 걸로 생각하고 현대적인 표현으로 설명해 보고자 한다.

마침 손주가 올해 고등학교에 입학했고 올해부터 인공지능이 더 발달하고 갈수록 더 기승을 부릴 것이 확실시된다. 그래서 인류의 정신이 인공지능에 현혹되지 않고, 자기를 찾아가는 방법으로 부처님의 말씀을 꼬치꼬치 따져서 청소년들에게 이야기하고 싶어 글을 쓰려고 한다. 고등학교 과학책을 보니 부처님의 인연법을 충분히 이해할 수 있는 내용이 많아 손주가 이해하는 데 별 어려움이 없을 것 같지만 가능한 한 알아듣기 쉽게 쓰고자 한다.

화엄경에 선재 동자가 진리를 알기 위해 선지식들을 찾아다니며 진리를 구하는 것처럼, 손주 동자가 묻고 내가 답하는 식으로 부처님 법을 손주가 알아듣기 쉽게 현대적인 용어로서 과학적이고 논리적이 되도록 쓰고자 최선을 다하려고 한다. 행여 독자께서 나의 해석이 틀렸다고 생각하더라도 괘념치 않겠다. 누구나 자기 나름의 생각과 표현 방법이 있으므로 여기서 말하는 모든 것은 내 나름의 생각이니까 그리 알고 읽어주시기를 바란다.

차 례

❀ 책머리　　　　　　　　　• 4

❀ 책의 제목에 대하여　　　• 14
❀ 구도의 시작　　　　　　• 17

❀ 대화의 시작　　　　　　• 21

　　- 정견(正見)　　　　　• 23
　　- 정사유(正思惟)　　　• 24
　　- 정어(正語)　　　　　• 25
　　- 정업(正業)　　　　　• 26
　　- 정명(正命)　　　　　• 27
　　- 정정진(正精進)　　　• 28
　　- 정념(正念)　　　　　• 29
　　- 정정(正定)　　　　　• 30

❀ 불교란 무엇인가 • 32

❀ 육바라밀이란
여섯 가지 바라밀을 말하는데 • 37

- 첫 번째가 보시바라밀이다 • 37
- 두 번째가 지계바라밀이다 • 39
- 세 번째는 인욕바라밀이다 • 41
- 네 번째는 정진바라밀이다 • 43
- 다섯 번째는 선정바라밀이다 • 44
- 여섯 번째는 반야바라밀이다 • 45

❀ 할 아부지喝 我富智
지혜를 주셔요 • 47

- 의상 스님의 법성게 • 47

- 내가 생각하는 불교란 • 67

　　합리적인 종교, 불교
　　삶의 방법을 제시하는 불교

- 천수경(千手經) 개경게(開經偈) • 74
- 현대인이 실천할 것 • 79
- 관세음보살을 만나 • 85

　　반야심경
　　인연법

- 지장보살을 만나 • 100

　　지옥 중생 구제
　　환생과 윤회

- 할아버지와 손주 동자 • 112

　　재미있는 일이란
　　마음이란

- 생활에서 부처님의 가르침 • 123

　　인연법
　　사성제
　　행복이란
　　삼법인에 관해
　　불교의 시간

- 금강경 사구게 • 145

　제1구게 - 4구게

- 인공지능 시대를 어떻게 살아갈 것인가 • 151

- 부처님 가르침의 요점 정리 • 154

　인연법
　팔정도와 육바라밀

- 보왕삼매론 • 161

당부의 말 • 173

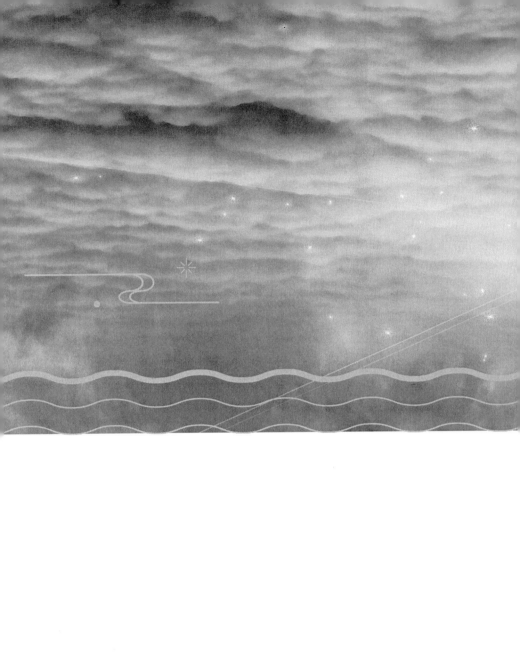

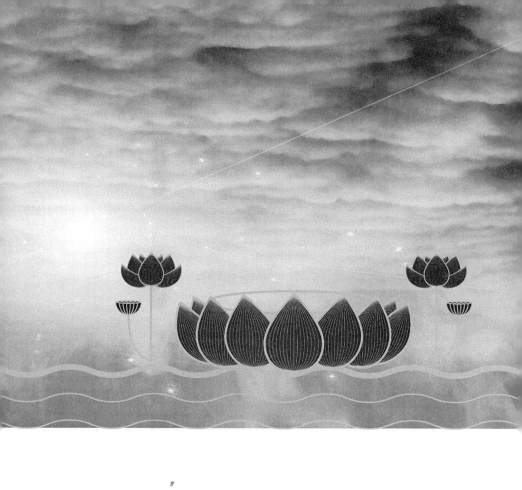

책의 제목에 대하여

내 나름대로 지은 책의 제목에 대하여 설명해 드리자면, 할의 한자는 갈(꾸짖을 喝)이지만, 불교에서는 할로 읽고 할이라고 발음한다. 주의를 주거나 정신을 차리라고 야단을 칠 때에 사용한다. 큰스님에게 제자들이 나름 깨우쳤다고 자기의 각성상태를 나타내 보이면 스님께서 들으시고 틀렸다고 판단되면, 정신 똑바로 차리고 다시 제대로 깨우치라는 의미로 '할!' 하고 크게 소리친다고 한다. 이때 신통하게도 할 소리 한방에 크게 깨치는 제자가 있다고 한다. 주로 임제 스님이 잘 사용하셔서 임제의 할이라고 하고, 덕산 스님은 주로 주장자나 죽비를 잘 사용하셔서 덕산의 방망이라고 전해지고 있다. 말하자면 공부를 더 잘하게 훈육을 증진 시키는 방법의 표현이라고 할 수 있다. 아부지(我富智)는 나의 지혜가 더 풍부해진다는 의미를 부여해 주는 걸 전제해서, 할아부지(喝我富智)는 '나의 지혜가 더 발달하도록 이끌어 주신다'라는 뜻으로 사용했다. 할아버지께서 나의 지혜를 증장시켜 주시기 위해 할을 하신다고 생각하여 할아부지라고 표현하였다. 우리들의 일상 언어는 아버지 할아버지라고 하고, 그 뜻은 다 알다시피 아들을 기준으로 해서 아버지이고 할아버지이다. 아버지는 아이에게는 가장 엄격한 존재라서 아버지가 설사 잘못하신다는 생각이 들어도 자식으로서 언감생심 뭐라고 할 수도 없는데, 오직 할아버지만이 아버지를 야단칠 수 있고 잘못을 시정해 줄 수 있는 분이며 이 의미로 사용된 단어가 할이라고 한다. 그래서 할아버지란 말이 되었다고 한다. 할머니란 말도 '어머니를 할 하신다'고 할어머니라고 하다가 할머니가 되었다고 한다. 아버지를 아배, 애비, 아부지라고 하니 자연적으로 할아배, 할배, 할애비, 할아부지가 되었고, 어머니도 어매, 어미라고 하니 자연적으로 할어매, 할매, 할어미, 할미가 되었다고 하겠다. 그래서 책 제목에서 我富智는 나, 즉 자식으로서도 나의 지혜를 넓혀주시는 아버지를 의미하기도 하고, 나의 입장에도 나 자신의 지혜를 넓히는 것을 의미해서 사용한 것이므로, 할아부지께서 온갖 지혜를 깨우쳐 주신다는 의미로 사용했다는 점을 이해해 주시길 바란다. 인과법에 따라서 더 넓게 해석해 보면 나의 지식과 지혜를 증장시키는 모든 사물과 인연들이 다 나의 아부지(我富智)인 셈이다. 지식과 지혜는 비슷하게 생각하고 사용하지만, 의미가 조금은 다르다. 지식은 우리의 인식 내에서 받아들인 세상의 모든 자료를 말하고, 지혜는 그 지식을 활용하여 최상의 해결책을 모색해 자신과 남을 위해 해법을 제시하는 것이라 하겠다.

구도의 시작

  사랑하는 손주가 학교에 가지 않는다. 모든 아이가 다 학교를 가지 않는다. 국가에서 아이들에게 선생을 하나씩 나누어 주고 배우고 싶은 것은 무엇이든 이 선생에게서 배우라고 한다. 이 선생이란 생긴 모양도 사람하고 똑같이 생겼고 말도 잘하고 듣기도 잘하고 모르는 것이 없는 인공지능 로봇이다. 묻는 것은 무엇이든 척척 대답을 잘하니 처음에는 너무 좋아서 인공지능하고 친구가 되었다. 이름도 지어주고 부르면 대답도 척척하고 시키는 일은 거의 다 한다. 글도 대신 지어주고 작곡도 하고 노래도 불러주고 그림도 그려준다. 청소를 시켜도 잘하고 힘든 일도 싫다는 말 한마디 없이 잘도 한다.

처음에는 그 편리함에 너무 좋아하더니 이제는 모든 걸 인공지능 로봇이 다 해 주니 사람은 할 일이 없어지고 해야 할 필요성을 못 느끼니 점점 게으르고 나태해진다. 생활과 삶이 무기력하고 의욕이 없어지니 먹고 잠자고 향락만 추구하는 동물적인 삶을 살아간다. 향락이라야 아직은 게임을 즐기는 것이지만 지금의 게임기는 이전의 그것과는 판이하다. 화면 속에 내가 들어가 같이 노는 것과 똑같은 느낌을 받으니 환상 속에 사는 셈이다. 현실인지 환상인지 꿈인지 구분이 안 되는 것이다. 인생이 한바탕 꿈이라고 하지만, 이 말은 인생을 살고 지나고 보니 너무 빨리 지나간 세월이 아쉬워서 하는 말이다. 게임기랑 놀면 현실에 대한 인식이 없어지고 환상에만 젖어 사니 실제의 내 삶이 없어진 거나 마찬가지다. 위의 상황은 머지않아 다가오게 될 인류의 미래다.

대화가 가능한 가정용 로봇이 내년에는 우리나라 전자 회사에서도 출시한다고 한다. 지금도 휴대폰에 인공지능을 깔아놓고 가상 인물을 만들어 대화한다고 한다. 얼마 전에 미국에서 있었던 일이다. 14세 소년이 가상 인간과 오랫동안 대화하고 친하게 지내다가 가상과 현실을 구분 못 하는 지경에 이르렀다. 엄마의 잔소리가 듣기 싫었던 소년이 가상 인간에게 그곳은 엄마의 잔소리가 없냐고 물어보니 그렇다고 대답하자, 그러면 그곳으로 가겠다며 아빠의 권총으로 자살해 버렸다고 한다. 미국 정부 당국에서 앞으로는 인공지능을 핵무기 취급을 하는 수준으로 다루겠다고 했지만, 얼마나 잘 통제가 될지 큰 걱정거리가 아닐 수 없다. 가장 현명한 대책으로는 모두가 제정신을 똑바로 가지는 사람으로 살아갈 수 있게 판단력을 길러줄 수밖에 없다는 생각이 들고, 그 해답이 부처님의 가르침인 인과법의 엄중함을 일깨워 주는 것이라 생각한다.

　사람의 지능 수준을 보면, 초등생이나 중등생의 나이에는 어른들이 좋은 습관이 들도록 하나하나 가르치고 지도해 주어야 한다. 그렇지 않으면, 어떻게 살아가야 하는지 불법(佛法)이 어떠한 것인지 인생이란 무엇인지 의문은 전혀 없고 그냥 현재의 버릇대로 살아갈 뿐이다. 내 손주는 이제 어엿한 고등학생이 되었고, 그래서 그런지 인생에 대해서 깊이 생각해 보게 된다고 했다. 지금 이렇게 사는 것이 최상인가 더 나은 삶을 사는 방법은 무엇인가 어떻게 하면 그 방법을 찾을 수 있을까 고민해 보기 시작한다고 말해준다. 손주의 이 말을 듣고 기특한 생각이 들어, 대화해 가면서 고민에 답을 주기로 했다. 그러므로 이 글은 적어도 고등학생 또는 그 이상의 젊은이들이 읽어야 제대로 이해하게 될 것이다.

대화의 시작

손주: 할아버지! 어떻게 사는 것이 현재보다 더 가치 있고 보람된 삶이 되나요?

할아버지: 우선 삶의 목표나 가치관을 확립해야겠지. 너는 아직 어리니, 자랄수록 삶의 목표와 가치관이 변할 수 있어. 그러므로 지금 바로 이거다. 하고 말할 수도 없고, 말해 보아야 정답이 될 수도 없어. 삶의 목표와 가치관은 살아감에 따라 자주 바뀌게 되므로 그때그때 본인에게 맞는 최상의 목표를 찾아서 세우고 실천하면서 살아가는 게 인생이야. 그러므로 할아버지는 인간으로서 가져야 할 가장 기본적인 소양만 말해 줄 수 있어.

손주: 제가 이해할 수 있는 쉬운 말로 말씀해 주세요.

할아버지: 그래. 내가 이야기하는 도중에 이해가 안 되거나 어려운 낱말이 있으면 바로바로 이야기해 줘. 그럼, 지금부터 사람으로서 가져야 할 기본 소양부터 말해 보마. 세상에는 온갖 지식과 지혜로운 말들이 많지만, 할아버지가 권하고 싶은 것은 석가모니 부처님께서 말씀하신 팔정도를 가르쳐 주고 싶구나. 팔정도란 사람으로서 지켜야 할 여덟 가지 올바른 길이라는 말씀인데, 순서대로 말하면 정견, 정사유, 정어, 정업, 정명, 정정진, 정념, 정정이다. 이 여덟 가지를 확실히 알고 잘 실천하면 각자의 삶을 올바르게 살 수 있고, 다른 사람들과의 관계도 원만하게 유지할 수 있으므로 한 사람의 자유인으로서 민주시민으로서 당당하게 잘 살아갈 수 있다. 부처님은 사람이 어떻게 살아야 걱정 없이 고통 없이 잘 살아갈 수 있는지를 가르쳐 주신 분이야. 그러면 하나씩 알기 쉽게 설명해 주마.

정견(正見)

정견이란 똑바로 바르게 잘 보라는 말이다. 사물이나 현상을 볼 때 선입견이나 지레짐작으로 보지 말고, 겉으로 보이는 대로만 보지 말고, 제대로 보라는 말이다. 그러려면 잘 살피고 또 살펴서 실체를 확실히 파악해야 한다. 사람들은 누구나 자기 나름의 선입견과 관념을 가지고 살아간다. 자라면서 받아들인 모든 정보와 그로 인한 인식 때문에 생긴 것이니 어쩔 수 없이 습관적으로 자기 나름대로 보게 되는데, 그렇게 보면 참모습을 볼 수 없으므로 선입견과 관념을 떠나서 제대로 잘 관찰하라는 말씀이다. 본다는 것은 판단력을 동반하기 때문에 행동으로 나타나게 되고, 결과가 생기게 되므로 옳은 행동과 결과를 얻기 위해서는 반드시 정견을 해야 하는 이유다.

정사유(正思惟)

　사유란 깊이 생각한다는 말이고, 여기서도 정이란 접두어가 붙었으니, 정사유란 생각을 깊이 있게 하되 올바르게 하라는 말로 여기서도 선입견과 고정관념은 반드시 배제되어야 한다. 행동을 하기 전에 생각을 깊이 하고, 행동으로 옮기기 전에 이 생각이 과연 올바른 생각인지, 여러모로 생각하고 검토한 후에 실행하면 실수할 확률이 확 줄어들 거다. 사기꾼들이 사용하는 무기는 감언이설이다. 달콤한 유혹에 넘어가지 않는 방법은 정사유를 하고, 나의 욕심을 억제하고, 나의 욕심마저도 정사유를 해 보아야 한다.

정어(正語)

정어란 올바른 말, 좋은 말, 똑바른 말만 하라는 말이다. 거짓말을 하거나 남의 마음에 상처를 주는 독한 말을 하거나 삿된 말을 하거나 예의에 어긋나는 말은 해서는 안 되는 것이다. 말은 자기의 생각을 나타낼 수 있는 좋은 도구이지만, 잘못 말하면 큰 사달이 생기므로 항상 좋은 말 올바른 말을 아름답게 쓰도록 노력해야 한다. 말이란 서로 주고받는 것이므로, 상대편의 감정을 항상 생각하고 배려하여 상대를 기분 좋게 해준다는 마음을 가지고 예의 있고 품위 있는 말을 사용하는 버릇을 항상 길러야 한다. 말로서 천 냥 빚도 갚는다. 침묵이 금이다. 가는 말이 고와야 오는 말도 곱다는 속담이 괜히 생긴 게 아님을 명심해라.

정업(正業)

정업이란 바른 업을 지으라는 말이다. 업이란 행위를 말하므로, 항상 올바른 행동을 하라는 말이다. 행위에는 반드시 결과가 생기고 그것이 업보이다. 좋은 일을 하고 바른 생활을 하면 좋은 업이 될 것이고, 나쁜 일을 하거나 남에게 해악을 끼치는 행위를 하면 나쁜 업이 쌓일 것이다. 이 업보의 결과는 현세에서 나타나기도 하지만 현세에서 나타나지 않으면 내세에 가서도 반드시 지은 대로 받게 된다는 게 부처님의 가르침이다.

정명(正命)

    정명이란 바른 직업을 가지고 일상을 잘 살아가는 것을 말한다. 세상에는 많은 직업이 있고 그중에는 남에게 해악을 끼치거나 해코지하면서 이득을 취하는, 없어져야 할 직업에 종사하는 사람들도 있다. 이러한 직업에 종사하면 반드시 나쁜 업을 짓게 될 것이고, 그 과보(果報)는 살아생전에 받게 될 거고 이승에서 안 받으면 저승에 가서도 필히 받게 된다고 한다. 직업이란 내가 살아가기 위한 삶의 수단이고 방법이지만, 내 마음이 편안하고 남에게 이득을 주는 그러한 직업을 가지고 살아가는 게 현세에도 행복한 삶을 보내고, 좋은 과보가 쌓여서 내생에도 더 나은 삶을 살아간다고 한다. 남에게 해를 끼치면 반드시 지옥에 간다고 한다. 악업을 지으면 어떠한 과보를 받게 되는지는 나중에 지옥 중생을 제도하신다는 지장보살 님에게 물어보자.

정정진(正精進)

정정진이란 바르게 노력하고 바르게 실천해야 한다는 말이다. 알면서도 실천하지 않으면 모르는 것과 별반 다를 게 없다. '부뚜막의 소금도 집어넣어야 짜다'는 속담도 있지 않은가. 위에서 열거한 모든 가르침뿐만 아니라 팔정도 전부와 나중에 설명할 육바라밀과 많은 부처님의 가르침들을 항상 바르게 실천하려고 최상 최대의 노력을 해야 한다는 뜻이다.

정념(正念)

　정념이란 항상 바른 생각을 가지고 바른 생각을 유지하라는 말이다. 사람의 생각이란 끊임없이 일어나고 바뀌고 하므로 자칫 자신도 모르게 삿된 생각에 빠질 수도 있으니, 항상 본래의 바른 마음자리로 바로 돌아가서 올바른 생각을 유지하라는 뜻이다. 생각이 행동을 유발하므로 엉뚱한 생각을 하는 순간 자기도 모르게 엉뚱한 일을 저지르게 될지도 모르므로, 만약 엉뚱한 생각이 들면 얼른 본래의 올바른 생각으로 돌아가야 한다.

정정(正定)

정정이란 바른 선정에 머물도록 하라는 말이다. 선정이란 온 갖 잡생각을 물리치고 마음을 맑고 고요한 상태에 머물게 하는 것을 말한다. 오직 한 생각에 집중한 상태를 말하는데 그 한 생각이 바른 생각이 되게 하라고 바를 정자를 붙여 정정이라고 한 것이다. 앞에서 열거한 모든 바른 생각과 행동을 항상 염두에 두고 실천하기 위해서, 마음을 평온하게 유지하기 위해서, 매일 선정에 한 번씩 들어가는 습관을 들이면 팔정도를 잘 실천하게 될 것이다.

이와 같이 부처님의 여덟 가지 가르침을 잘 실천하면서 살아가면 모든 일이 다 잘되고 행복한 삶이 될 것이야. 팔정도를 쉽게 간단히 얘기하면, 생각하기, 마음먹기, 행동하기, 말하기, 일하기, 노력하기, 마음 다스리기 등 모든 우리의 일상을 바르게 하라는 말씀이야. 이해되니? 어렵거나 잘 모르겠는 부분을 말해 주면 더 쉽게 말해 주마.

손주: 다 알아들을 수 있게 말씀해 주셔서 알겠습니다만, 아는 것과 실천하는 것은 별개라는 말이 있듯이 실천하기는 쉽지 않을 것 같고 항상 노력해야 할 것 같습니다. 그런데 이렇게 훌륭하신 가르침을 주신 부처님과 불교는 아직 잘 모르니 자세하게 말씀해 주시면 좋겠습니다.

할아버지: 그래. 그러면 석가모니 부처님과 불교에 대해서 대강 말해 주마. 더 많이 자세하게 알고 싶으면 앞으로 육체와 정신 성장에 따라 그때마다 더 공부하도록 하고 오늘은 내가 기본적인 부분만을 이야기해 주도록 하겠다.

불교란 무엇인가

불교란 부처님의 가르침을 말한다. 불교에서는 많은 부처님이 계시지만, 처음으로 가르침을 펴신 부처님은 석가모니 부처님인데, 이천 오백여 년 전 고대 인도의 자그마한 나라 가피라성에서 태어나시고 이름은 고타마 싯다르타라고 한다. 전설에 의하면, 태어나시자마자 사방으로 일곱 걸음을 걸으시고는 하늘과 땅을 가리키시며 천상천하유아독존이라고 하셨단다. 어떻게 그와 같은 일이 일어 날 수 있겠냐고 물리적인 의문을 제기하기보다, 이 말씀의 참뜻을 알아야 한다. 천상천하유아독존은 고타마 자신만이 존귀하다는 뜻이 아니고, 부처의 눈으로 보니 온 세상 모든 존재가 다 존귀하다는 뜻이야. 모든 존재가 자기 자신이 존귀하다는 것을 알고 자부심을 가지고 잘 살아가야 한다는 말씀이다. 너 과학 시간에 이 우주가 약 138억 년 전에 빅뱅이 시작되면서 탄생하였고, 팽창되면서 은하도 생기고 태양계도 생기고 지구도 생기면서 생명이 탄생하고 진화를 거쳐서 오늘날의 인류가 되었다고 배웠지. 그러니까 우리는 모두 지금의 우주 탄생 이래 처음으로 존재하는 셈이야. 그러니 얼마나 귀중한 존재인가. 부처님은 지금처럼 천문학이 발달하지 않은 그때 이미 다 알고 말씀하신 거야. 어떻게 아셨느냐고? 전생에서 여러 부처님을 모셨었기 때문에 모든 부처님의 깨달은 말씀들을 듣고 다 알고 계셨던 거야. 아니, 빅뱅 이후 처음 태어나는 존재라면서 어떻게 전생이 존재하냐고? 불교에서는 이 우주가 끝없이 생성과 소멸을 반복하지만, 똑같이 반복하는 게 아니고 그때그때 인연 따라 새롭게 생성되는 것이며 똑같은 것은 없으니, 모든 것은 다 처음인 동시에 마지막인 거야. 너 과학책에서 이 우주가 연구하는 학자들에 따라 제각기 팽창론과 수축론과 유지론을 주장하는 것을 잘 알고 있지. 팽창론은 이 우주가 끝없이 팽창해서 소멸하여 버릴 것이라고 하고, 수축론은 팽창을 멈추고 다시 수축하여 3,000억 년 후에는 처음의 빅뱅 이전의 상태로 돌아간다고 주장하고, 유지론은 현재의 이 우주 상태로 영원히 지속할 거라는 주장을 하는 것이지만, 불교에서는 세 개의 학설을 다 포용하고 있어. 모든 것은 다 인연 따라 성주괴공 한다는 것이 인연법 즉 연기법이라고도 하고, 과학적인 용어로는 인과법이라고 하지.

성주괴공이란 말을 설명하자면, 성이란 생기는 것이니 말하자면 빅뱅이 일어나서 우주가 시작되는 것이고, 주란 머무는 것이니 현재의 상태를 유지하는 것이고, 괴란 무너지는 것이니 수축론을 말하며 본래의 자리 즉 빅뱅 이전의 상태로 가는 것을 말하며, 공은 빅뱅 이전의 상태 곧 움직임 없는 고요한 상태에 있는 것을 의미하는 거란다. 우주의 성주괴공은 시작도 없고 끝도 없다는 것이 불교의 우주관이란다. 이에 대해서 간단하면서도 확실하게 표현한 글이 신라의 의상 스님이 지으신 법성게인데, 부처님이 설하신 우주에 관한 법을 말씀하신 것을 엮어놓은 화엄경이란 경전이 있는데, 너무나 방대하여 일반사람들이 읽고 이해하기가 쉽지 않은 것을 의상 스님께서 요약하여 게송으로 만든 것이 법성게야. 게란 노랫말로서, 말하자면 리듬감 있게 사람들이 쉽게 외우고 이해하기 쉽게 말한 글을 의미하는 거야.

손주: 부처님의 가르침이 무엇인지 말씀해 주세요.

할아버지: 부처님의 가르침을 엮어놓은 것을 경전이라 하고 그 가르침을 다 합하여 팔만 사천 법어라고 한단다. 부처님께서 사람들을 위해 직접 설하신 것도 있지만, 만나는 사람들이 질문할 때마다 답해 준 것이 더 많다 보니 그렇게 방대한 경전이 된 것이야. 요점을 말하면, 사람들이 일상생활을 어떻게 살아야 하는지 가르쳐 주시고, 이 우주법계의 근본적인 법성을 이야기하셔서 인간들이 우주에서 자기의 본래 의미를 찾아서 살아야 하며, 삶의 고통에서 벗어나려면 어떻게 해야 하는지를 말씀해 주신 거야.

많은 경전을 다 이야기해 줄 수도 다 알 필요도 없다. 네가 꼭 알아야 하고 살아가면서 실천해야 할 것들만 이야기해 주마.

한 사람의 인간으로서 사회적으로 관계를 맺고 살아가려면 어떠한 품성을 가지고 어떻게 생각하고 행동하며 살아가야 하는지를 말씀하신 것이 팔정도와 육바라밀이다. 팔정도는 앞에서 이야기했고 육바라밀에 대해서 말해 주마. 바라밀이란 수행을 한다는 뜻으로 실천하려고 노력하는 걸 의미한단다.

육바라밀이란
여섯 가지 바라밀을 말하는데

첫 번째가 보시바라밀이다

　'보시'란 '남에게 베푸는 것'을 말한다. 받는 것보다 주는 공덕이 더 크다는 걸 말한다. 재보시란 재물을 남에게 나누어 주는 걸 말하고, 무재보시란 재물이 없으면 마음으로 하는 걸 말하는데, 예를 들면 좋은 말을 해 주거나 좋은 모습을 보여주거나 두려움을 없애주거나 마음을 편하게 해 주거나 무엇이든 상대를 위해서 해줄 수 있는 모든 봉사를 말한다. 스님들이 탁발하는 것은 사람들에게 보시하는 공덕을 지으라고 하는 행위라고 한다. 탁발이란 동냥을 하거나 밥을 얻어먹는 행위를 말한다. 주는 것만이 보시가 아니고, 베풀 능력 있는 사람에게 혜택을 받는 것도 보시 공덕을 짓게 하는 좋은 행위라고 하니, 불교는 이렇게 마음 씀씀이가 풍성하단다. 보시 중에서 제일 으뜸이 법보시라고 한다. 법보시란 부처님의 말씀을 알려주고 실천하게 도와주는 행위를 말한다.

두 번째가 지계바라밀이다

'지계'란 '계율을 마음속에 지니고 그 계율을 잘 지키도록 수행한다'는 말이다. 계율이란 지켜야 할 법도를 말하는데, 일반 사회생활에도 국법이 있어 지켜야 하고 어기면 처벌을 받는다. 여기에서 말하는 계율은 불자로서 지켜야 할 법도로서, 어기면 그 소속집단에서 배척받을 뿐 사회적 처벌은 없다. 그러나 불교의 교리는 행위에는 반드시 업보가 쌓이고, 언젠가는 지은 업에 관한 결과를 받고 대가를 치르게 되므로 항상 계율을 잘 지키도록 노력하라는 말이다. 계율을 잘 지키면 마음이 자유로워져 편한 마음으로 살아갈 수 있다. 즉 올바른 행동 올바른 삶을 살아가는 지침이 계율이다. 그러므로 올바르게 살아가면 항상 마음 편히 살아갈 수가 있다.

스님들은 계율이 이백 가지도 넘지만, 일반 불자들은 오계

즉 다섯 가지 계율을 잘 지키라고 하니 어렵지 않게 지킬 수 있을 것 같지. 하지만, 인간의 마음에는 탐욕심이 자리 잡고 있어 결코 쉬운 일이 아니고 자칫하면 어길 가능성이 항상 크다. 그러므로 바라밀을 항상 하라는 말씀이다. 일반 불자들이 지켜야 할 다섯 가지 계율이란, 살생을 하지 말라, 도둑질하지 말라, 음행을 하지 말라, 거짓말 하지 말라, 술을 먹지 말라인데, 사람이 살아가면서 한 번도 어기지 않고 살아가기란 쉽지 않다. 하지만 되도록 어기지 않겠다고 항상 명심하고 수행하면 보다 덜 업을 짓게 될 것이며 과보를 받더라도 덜 받게 될 것이다. 업을 지으면 과보를 어떻게 받게 되는지는 나중에 지장보살님을 만나서 물어보기로 하자.

세 번째는 인욕바라밀이다

'인욕'이란 '사람과의 관계에서 일어나는 갈등과 한 인간으로서 살아가야 하는 온갖 어려움을 참고 견디는 것'을 말한다. 오욕 칠정에 얽매여 사는 인간이 인간관계에서 일어나는 감정을 조절하기란 쉽지 않다. 그래서 다투는 일도 많고 서운한 일도 많아 마음이 항상 괴롭다. 참고 견디며 살아야 하니 참아야 하는 수행을 하면서 내 마음을 다스려 가며 살아가야 한다. 늘 참는 수행을 하면서 살아가면 무난히 살아갈 수 있다는 걸 가르쳐 주신 것이다. 지는 것이 이기는 것이라는 말도 참는 것이 이득이 된다는 말이다.

남의 잘못을 잘 포용하는 넓은 마음을 가지고 살아가면 내 마음이 편해진다는 생각을 하고 살자. '참을 인'자 석 자를 마음속에 새기며 살아가면 살인도 면한다는 말도 있다. 살인 사건 대부분을 들여다보면 순간적인 분노를 다스리지 못해 저지르는 경우가 많다. 흥분한 일이 생기면 심호흡을 세 번 하라는 말도 있다. 화나는 일 참기 어려운 감정을 자기 나름대로 잘 다스리는 방법을 개발하고 실천하면서 살아가면 좋은 삶을 살아갈 수가 있다. 그렇게 하는 것이 인욕바라밀을 실행하는 것이다.

네 번째는 정진바라밀이다

'정진'이란 '한눈팔지 않고 매진하는 것'을 말한다. 팔정도에서도 정정진이라는 항목이 있었지. 정진이 중요하기 때문에 육바라밀에서 다시 한번 강조하신 것이야. 무슨 일을 하든 정진해야 잘 이루어 내지, 잡생각에 끌리거나 게으르거나 건성으로 일을 하면 그 일이 잘 될 수 없다. 오직 한 곳 한 생각으로 이루어야 할 목표만 생각하고 나아가야 성취할 수 있다. '정신일도'하면 '하사불성'이라는 말도 있지. 이루어야 할 일에 정신을 집중해서 하면 어떠한 일이든지 해낼 수 있다는 말이지. 일반적인 일도 그러한데 마음을 수행하는 일은 더 말할 것도 없다.

다섯 번째는 선정바라밀이다

불자와 불교의 궁극적 목표는 반야바라밀이다. 반야바라밀을 얻기 위해서는 선정바라밀을 거쳐야 한다. '선정'이란 '마음을 고요하게 하고 맑은 마음을 갖는 것'을 말한다. 마음은 잠시도 쉬지 않고 온갖 생각 번뇌와 망상을 만들어 낸다. 이것들을 잠재우고 고요한 마음의 상태에 머무는 것을 말하는데, 일반 사람들은 명상을 한다고 하고 불교에서는 선정에 든다고 한다. 명상의 방법은 많은 사람들이 많이 개발하고 나름대로 하고들 있지만, 불교적인 방법은 호흡 명상법을 주로 한단다. 호흡 명상법은 숨 쉬는 데 집중하여 들숨과 날숨에만 마음을 두면 다른 잡생각들은 다 없어지고 마음이 고요해지고 맑아지기 시작한다. 이 상태가 선정이고 이러한 수행이 선정 바라밀이다.

여섯 번째는 반야바라밀이다

반야를 얻기 위해서 수행하는 것을 '반야바라밀'이라 하고, '반야'란 '지혜를 말하며 깨달음을 얻는 것'을 말한다. 우주 삼라만상의 실체를 깨달아 온갖 번뇌 망상이 사라지고 마음이 청정해져서 이 우주법계의 실상을 다 알게 되어 완전한 마음의 자유를 가지게 된다고 한다. 선정바라밀을 하여 선정에 자주 오래 머물게 되면 어느 순간 깨달음을 얻게 되고 반야바라밀을 완성하게 된다고 한다. 반야바라밀을 얻은 경지가 어떠한지를 설한 경이 반야바라밀다심경인데, 관자재보살이 말씀하는 형식으로 씌어져 있다. 할아버지가 나름대로 해석하여 지은 책 "아인수타인 보살의 반야심경강설"이 있으니, 나중에 불교를 좀 더 알고 싶고 궁금하면 한번 읽어 보렴.

개인의 수행으로는 팔정도와 육바라밀을 알고 실천하면 되

고, 근원적인 의문인 '나는 무엇'이고 '우주는 무엇'인지에 대해
궁금하면 우주의 법계와 법성이 어떠한지를 잘 설명한 글이 의
상 스님이 지은 법성게에 있으니 다음 기회에 설명해 주마.

할 아부지喝 我富智
지혜를 주셔요

의상 스님의 법성게

손주 동자: 지금 듣고 싶어요. 말씀해 주세요.

할아버지: 그래. 그러면 지금부터 의상 스님의 법성게를 말해 주마. 내가 예전에 "부처가 본 천지창조"란 책을 냈는데, 거기에 설명해 놓았으나 어른용으로 썼기 때문에 네가 좀 더 커서 읽어 보기를 바란다. 여기서는 네가 이해하기 쉽게 설명해 주마.

법성게는 부처님께서 설하신 화엄경을 알기 쉽고 간단하게 추려 놓은 거라고 하는데, 스님이 지으신 동기가 화엄경이 너무나 방대하여 일반사람이 접하기도 어렵고 전체 대의를 파악하기도 힘들어하니까, 부처님의 참뜻을 고스란히 전하면서도 알기 쉽게 가사 말로 엮어놓은 것이 의상 스님의 법성게란다. 본문을 설명하기 전에 우선 법성게란 무엇인지 말해 주마. 여기서 말하는 법이란 우주에 존재하는 유형무형의 삼라만상을 말하며, 법성이란 이 법의 성품을 말하는 것이며, 게란 게송을 줄인 말로 노래 가사 말이란 의미다. 한마디로 우주의 실상 우주의 성품이 어떠한지를 노랫말 형식으로 읊어 놓으신 것이다. 그럼 첫 구절부터 하나씩 설명해 주마.

"법성원융무이상 제법부동본래적"
法性圓融無二相 諸法不動本來寂

이 우주의 본래 성품 즉, 본질은 아주 완벽하게 하나의 상태로 존재한다. 어떤 상태로 어떻게 존재하냐 하면 본래부터 움직이지 않고 가만히 고요히 있는 것이다.

원문이 한문으로 된 글을 이렇게 한글로 옮겨 놓아도 너는 지금은 잘 이해할 수가 없을 거야. 나중에 한문으로도 이해를 할 수 있을 때 다시 읽어 보면 진정한 맛을 느낄 수가 있겠지만, 지금은 내가 우리말로 쉽게 설명해 주마.

물질은 액체 고체 기체 플라스마 상태로 존재하고 작은 입자나 에너지는 파장의 형태로 존재하는데 모두가 다 존재하기 위해서 열심히 움직이고 있다. 움직이지 않으면 존재할 수 없고 존재하려면 움직여야 하는데, 여기서 말하기를 움직이지 않고 단 하나의 상으로 존재한다니 우리가 알고 있는 현상적인 우주와는 다른 모습이다. 이 모습은 어떤 모습 어떤 상태일까. 다음 게송을 보자.

"무명무상절일체 증지소지비여경"
無名無相絶一切 證智所知非餘境

아무런 현상이 없으니 이름도 없고 상태도 없고, 우리가 알고 있는 현상계와는 단절되어 있으므로 그것의 상태는 깨달아 알기 전에는 모르는 경지라고 했다.

현대 물리학적으로 이야기하면 빅뱅이 일어나기 전의 상태를 말한다. 미국의 유명한 천체 물리학자 칼 세이건이 지은 '코스모스'란 책에도 빅뱅 이전의 상태는 암흑상태라고 했다. 다음 게송을 보자.

"진성심심극미묘 불수자성수연성"
眞性甚深極微妙 不守自性隨緣成

본래의 그 성품은 지극히 깊고 깊어 우리가 알 수 없지만, 본래의 그 성품 그대로 있지 못하고 인연 따라 생성되기 시작한다.

이 우주는 빅뱅이 일어나면서 시작되었다고 하는 것이 지금의 천체물리학 이론이다. 빅뱅이 왜 일어났으며 그 많은 에너지가 어떻게 암흑상태로 가만히 있다가 무엇이 어떤 인연이 어떻게 자극을 주어 빅뱅, 즉 대폭발이 일어났는지는 아직도 설명하는 사람이 없다.

"일중일체다중일 일즉일체다즉일"
一中一切多中一 一卽一切多卽一

하나가 일체가 되고 많은 것들은 하나가 된다. 즉, 하나가 일체가 되고 많은 것들은 다시 하나가 된다.

앞에서 이야기했듯이, 현재 이 우주를 팽창우주로 보는 학자도 있고 현상 유지로 보는 학자도 있고 수축 우주로 보는 학자도 있다고 했지. 지금까지의 우주로 보면 아직도 팽창하고 있고 빅뱅에서 시작하여 이 우주가 되었으니, 최초의 그 하나가 우주를 이루어 일중일체 일즉일체가 된 셈이다. 만약에 수축 우주가 되는 날에는 다시 빅뱅 이전의 상태로 가게 되므로 다중일 다즉일이 되는 것이다. 불교에서는 생주이멸 또는 성주괴공이라고 한다. 모든 것은 인연 따라 일어나고 머물다가 허물어져 다시 공의 상태로 가고 다시 일어나고 하기를 끝없이 반복하는 것이 법성의 실체라고 말씀하신 것이다. 현대의 천체물리학에서도 헤매고 있는 난제를 그 옛날 석가모니 부처님께서는 이미 다 깨달아 증득하시고 우리에게 가르쳐 주셨으며, 인간으로 사는 삶과 고통을 말씀하시고 헤어나는 방법까지 가르쳐 주셨으니 얼마나 감사한 일이냐. 여기에 관해서는 나중에 다시 이야기하기로 하고 법성게를 계속 알아가자.

"일미진중함시방 일체진중역여시"

一微塵中含十方 一切塵中亦如是

한 개의 아주 작은 티끌 속에 우주가 들어 있고, 모든 티끌이 다 이와 같다.

크다 작다 많다 적다는 우리 인간들의 시각과 관념으로 말하는 것이지, 실체는 이 게송과 같이 존재하고 있다. 물 분자 1몰 즉 물 18g에 존재하는 분자의 수는 아보가드로의 법칙에 의하면 6.0238x1,023개가 존재한다니, 물 18g의 1/1,000쯤인 한 방울의 물속에 물 분자가 1,020개가 존재한다니, 가히 이 게송이 얼마나 놀랍고 과학적이냐. 인체를 소우주라고 하는 데 인체뿐이랴. 작은 벌레 한 마리도 그 몸속에 소우주가 들어있다고 볼 수 있다.

"무량원겁즉일념 일념즉시무량겁"
無量遠劫卽一念 一念卽是無量劫

무한한 시간도 한 생각이고, 한 생각 한 순간에도 무한한 시간이 흐른다.

시간 개념도 우리들의 생각에서 나온 것이다. 물론 물리적인 우주의 시간은 공간과 함께 생겨나서 흘러가고 있겠지만 아무리 긴 시간이나 짧은 시간이라도 다 일념에 지나지 않는다는 말이다. 여기서 말하는 일념이란 우리들의 일상적인 생각을 뜻하는 게 아니고, 본래의 자리 즉 공의 자리에서 말하는 것이다. 그곳에는 시공이 없으므로 이와 같이 말한 것이다. 겁이란 불교에서 말하는 시간인데, 이 우주의 성주괴공 한주기를 일 겁이라고 한다니 현재의 우주는 겨우 빅뱅 이후 138억 년이라고 하고 3,000억 년 후에 다시 빅뱅 이전으로 돌아간다고 주장하는 학자의 말대로 하면, 일 겁이 3,138억 년이라고 하겠다.

이와 같이 긴 시간을 불교에서는 백천만겁난조우라는 말도 쓰고 부부의 인연은 6,000겁의 인연으로 만나고 자식의 인연은 7,000겁, 형제의 인연은 8,000겁이라고 하니 아연한 시간 개념이지. 너와 나, 할아버지와 손주와의 인연은 몇 겁이나 될까 궁금하네. 일 겁을 힌두교에서는 42억 2천만 년이라고 하고 불교에서는 다음 부처님인 미륵 부처님이 오시는 날까지 56억 7천만 년이라고 한다. 어느 것이 맞는지는 현재의 과학지식으로도 정확한 답을 낼 수 없다마는, 이 황당하고 아득한 시간을 한번 쉽게 이해해 보도록 할아버지가 한번 계산해 보여 주마. 형제가 되는 인연 8,000 겁을 초 단위 시간으로 계산해 보자. 과학자가 주장하는 일 겁을 대입해서

3,138억 년 x 8,000 겁

=25,104,000억 년 x 365일

=9,162,960,000일 x 24시간

=219,911,040,000시간 x 3,600초

=791,679,744,000,000초이다. 여기에 억년을 숫자로 표시하면 0이 8개는 더 붙어야 하니 이 모두를 지수로 표현하면

7.917×1022 이 되니 꽤 큰, 아니 어마어마하게 큰 숫자이지만, 물 1몰 즉 18g의 분자 수가 아보가드로의 법칙에 의하면 $6.023 \times 1,023$개이니 물 1몰 속에 있는 어떤 물 분자 하나가 그곳에 있는 물 분자를 다 만나려면 1초에 대략 10분자 이상을 만나고 다녀야 하는 시간이고, 1초에 한 분자씩만 만난다고 가정하면 약 8만 겁의 시간이 걸린다는 이야기다. 아득한 겁의 시간도 상대적인 개념이란 생각이 드는 게, 물 1몰 속의 세계에 수천수만 겁의 인연이 존재한다. 물 한 분자 한 분자끼리의 만나고 헤어짐도 인연이니까. 법성게의 게송이 전하는 말씀이 어떤 의미인지 이해가 되리라. 무한한 우주에서 무한한 시간과 무한한 공간이 있지만, 정작 나에게 중요한 것은 지금 이 자리 이 순간이 제일 뜻깊고 중요한 것임을 명심해야 한다. 이 순간 이 자리가 영원한 공간과 영원한 시간의 일부분이고 부분의 총합이 전체니까. 그러므로 지금, 이 순간을 잘 살아가는 것이 내 삶의 전체를 잘 살아가는 것임을 알아야 한다.

"구세십세호상즉 잉불잡란격별성"
九世十世互相卽 仍不雜亂隔別成

우주법계가 아무리 많은 성주괴공이 반복되어도 중첩되거나 헷갈리지 않고 그때그때 마다 질서 정연하게 잘 이루어진다는 말이다.

한자의 표현은 많다는 의미로 구와 십을 사용하여 나타내는 표기법이란다. 예를 들면 구만리장천, 구중궁궐, 십시일반 등이 있다. 다 많다는 뜻을 내포하고 있다.

"초발심시변정각 생사열반상공화"
初發心時便正覺 生死涅槃常共和

첫 발심을 했을 때 바른 깨달음을 얻어서 생사와 열반이 함께 함을 안다.

이 말을 일반적으로 수행자의 입장으로 해석하고 있는데, 할아버지 생각은 좀 달라. 평생 수행해도 못 깨닫는 사람이 많은데, 어떻게 초발심에서 깨달음을 얻을 수 있을까, 만약 그렇다면 누구나 수행을 시작하자마자 다 깨달음을 얻는 것인데 그런일은 있을 수가 없다고 본다. 그래서 할아버지는 우주적 관점으로 해석하고자 한다. 왜냐하면 이 게송 전체가 바로 법성게가 아닌가. 즉 법성을 설명하고 있으니까. 앞에 시작할 때 법성게에 관해서 설명했으니 다시 한번 살펴보아라. 법성으로 설명하면 이 게송은 우주의 시작 즉 빅뱅의 순간을 말하는 것이고, 빅뱅이 시작되는 순간 바로 확실히 우주의 법칙이 생기고 그 법칙이란, 모든 것이 생기고 없어지고 다시 빅뱅 이전의 상태로 돌아가는 것이 정해져 있고 끝없이 반복된다는 말이다. 생사열반 즉 생은 우주가 생기는 걸 의미하고, 사는 우주가 없어져가는 과정을 말하고, 열반은 빅뱅 이전의 고요한 상태를 의미한다고 생각한다. 즉 성주괴공 생주이멸이 항상 빅뱅 즉 우주의 시작과 함께 전개되고 있다는 뜻이라고 생각한다.

"이사명연무분별 십불보현대인경"
理事冥然無分別 十佛普賢大人境

理(이)와 事(사)가 둘이 아니니 나눌 수가 없다.
이것이 부처나 보현 같은 대인의 경지이다.

'이'는 법이 생기는 이치를 말하며 '사'는 법이 나타나는 것을 말한다. 지금 막 빅뱅이 시작되는 순간을 설명하는 대목이다. 천체물리학으로 말하면 카오스의 경지다. '이'인지 '사'인지 구분이 안 되는 빅뱅 최초의 순간은 어떠한 경지이냐 하면 '십불 보현 대인의 경지'라고 말한다. 여기서도 '십'이란 많다는 접두사이고, '불'은 비로자나불로서 이 우주의 원천적 에너지로서의 부처님을 말한 것이고, '보현'은 인연을 의미한다. 모든 법은 인연으로 이루어지는 것이지 단독으로는 이루어질 수 없음을 말하며, '대인'은 사람의 형태이든 어떤 형태이든 모습을 나타냄을 의미한다.

"능인해인삼매중 번출여의불사의"
能仁海印三昧中 繁出如意不思議

'능인해인삼매중'이란 최고의 고요한 경지, 한 티끌의 잡념도 없는 완전한 공의 경지를 말하며, 이 상태에서 태어나는 모든 것들은 우주의 법성에 의하여 여의하게 태어나는 것이지 어떻게 만들겠다는 생각에 따라 나타나는 것이 아니다.

'여의하다'라는 말은 우주 본연의 이치 그대로란 의미이다. 현대물리학과 천문학에 의하면 빅뱅 이후에 빛과 입자와 온갖 에너지들이 인연 따라 이합집산을 하며 수소를 만들고 이것들이 모여서 별이 되고 폭발하고 온갖 원소들이 만들어지고 인연 따라 만나서 행성이 된다고 한다. 나중에 시간이 날 때 칼 세이건이 쓴 코스모스를 읽어 보면 이해가 쉽게 될 것이다. 이 책을 읽어 보고 법성게를 다시 읽어 보면 법성게가 코스모스란 책의 내용을 집약해 놓은 것이라는 생각이 들 것이다. 현대에 와서 밝혀지고 있는 이 우주의 신비를 그 옛날 부처님께서 아셨다는 게 얼마나 감탄할 일이냐. 과학적 장비도 없는 그 당시에 어떻게 아셨을까. 능인 해인 삼매의 경지에서 직관으로 아신 것이라고밖에는 달리 무슨 말이 있을쏘냐.

"우보익생만허공 중생수기득이익"
雨寶益生滿虛空 衆生隨器得利益

이제 이 우주가 생명을 탄생시킬 단계까지 진화했다. 생명에게 보배로운 비가 허공에 가득하고 모든 생명체가 자기의 크기에 따라 비를 먹어서 증식하는구나.

별의 폭발로 산소가 생기고 먼저 생긴 수소와 만나 물이 생기기 시작하고 물 분자들이 뭉쳐져서 비가 되고 땅에 떨어져서 강이 되고 바다가 되고 드디어 생명이 탄생하고 진화를 거듭하여 오늘의 우리 너와 내가 된 것이야. 물이 생명 탄생의 필수조건이야. 그래서 물이 있는 행성을 찾고 있는데 아직 확실한 곳을 찾지 못하고 있고, 설사 물이 있다고 하더라도 다른 여러 조건이 맞아야 생명이 출현할 수 있다는 거야. 지구는 모든 조건이 다 맞아 현재의 다양한 생명체들이 살아가고 있는 거야. 불교에서는 온갖 생명체들이 사는 여러 하늘나라의 이야기가 있는 걸 보면 이 대우주에는 지구 외에도 온갖 세상이 존재하는가 봐. 너무나 멀고 멀기 때문에 현재의 기술로는 알아내거나 찾아가는 것은 불가능에 가깝다고 하겠다. 이러한 우주의 자세한 진화 과정이 코스모스 책에 다 나와 있다.

"시고행자환본제 파식망상필부득"
是故行者還本際 叵息妄想 必不得

이와 같이 태어나고 살아온 모든 존재가 본래의 자기 자리로 돌아갈 때는 망상을 깨뜨리지 못하면 제자리로 돌아가지 못한다.

사람을 포함한 모든 존재에게 다 해당하는 법성이지만, 말귀를 알아듣는 존재는 사람이니까, 사람에게 하는 게송이니 이렇게 말하는 것이다. 지금 이후의 게송은 빅뱅 이전의 자리로 즉 공의 상태로 다시 돌아가는 과정을 읊은 것이다. 망상이란 이룰 수도 없는 것들로서 자기 욕심으로 만들어 내는 헛된 생각들을 말하는 것이다.

"무연선교착여의 귀가수분득자량"
無緣善巧捉如意 歸家隨分得資糧

본래의 자리로 돌아가는 데는 착하고 아름다운 것하고는 아무 관계도 없고, 오직 본래 (앞에서 태어나는 것을 '번출여의 불사의'라고 했지) 여의롭게 태어났으니 여의롭게 가야 한다.

그렇게 여의롭게 본래의 자리로 갈 때만이 그동안 행해왔던 모든 공덕이 다음 생에 태어날 때 도움이 된다. 망상을 버리고, 앞에서 나온 게송 즉 '능인해인삼매중'에 '번출여의' 하여 태어났으니, 본래의 여의 자리에 여의롭게 돌아가야만 그동안 지은 공덕이 양식이 되어 다음 생을 받을 때 도움이 된다는 의미다.

"이다라니무진보 장엄법계실보전"
以多羅尼無盡寶 莊嚴法界實寶殿

이 다라니는 무진장한 보배이니 장엄한 이 우주의 법계에 길이 보전되게 보배로운 전당을 만들어 보관해야 한다.

다라니는 부처님 말씀을 모은 것이고 여기서는 이 게송을 말하는 것이며, 이 게송은 화엄경 즉 부처님 말씀을 압축한 것이니 무진장한 보배이므로 온 우주법계에 장엄하여 길이 보전하라는 말이다. 우주 자체가 장엄한 보배로운 궁전이니까 우주법계에 길이 보존된다. 법성게가 우주의 법성을 말한 것이고 우주의 법성은 끝없이 이어지고 발현되므로 저절로 우주법계에 보존된다고 하겠다.

"궁좌실제중도상 구래부동명위불"
窮坐實際中道床 舊來不動名爲佛

마침내 중도의 자리에 앉게 되니 예로부터 변함없이 이름하여 부처라 불린다.

'중도'란 물리적으로 말하면 어느 편에도 치우치지 않는 정중

앙이란 의미이며, 불교적으로 말하면 완전한 지혜를 의미한다. 여기서는 법계의 성품을 살펴보았으니, 공의 현상과 물질의 현상을 다 살펴보고 그것들의 변화와 상호 관계를 다 잘 안다는 말이다. 즉 지금까지 설명한 법성을 완전히 터득하면 중도를 얻게 되고 중도의 지혜를 가지면 부처라고 불린다는 말이다.

이로써 법성게를 다 살펴보았다. 전체를 요약하면 이 우주가 공에서 알 수 없는 미묘한 법성으로 인연 따라 생성되고 유지되다가 소멸하여 다시 본래의 자리로 되돌아가며, 시작도 끝도 없이 반복함을 화엄일승법계도를 통하여 법 자로 시작하여 불 자로 끝나며 다시 반복하는 형식을 취해서 암시해 놓았다. 나중에 불교에 대해서 더 자세히 알고 싶을 때 인터넷에서 찾아보면 잘 설명한 내용들이 많이 있으니 참고하려무나. 아마 앞으로 인공지능 로봇에게 물어보면 잘 말해줄 거야.

내가 생각하는 불교란

합리적인 종교, 불교

손주: "할아버지는 왜 불교를 좋아하시나요?"

할아버지: 음, 그거는 내가 생각하기에 불교는 모든 종교 중에서 가장 합리적이고 논리적이고 현실적이며 과학적이고 완전한 진리에 근거한 가르침이기 때문이야. 대부분 종교는 어떤 신이나 절대자를 섬기고 거의 맹목적인 순종만을 요구하기 때문에 이성적으로 판단하면 합리적이지 않아서 내 마음에 안 들어. 그나마 동양의 종교인 유교나 도교가 절대자를 섬기는 것은 아니지만, 지나치게 사회적인 질서만을 강조하거나 혼자만의 세계를 추구하고, 개인적인 자아와 개인적인 삶의 고통에 대해서는 무시하다시피 하고 있어서 이 또한 내 마음에 들지 않아.

불교만이 인연의 법칙, 인과의 법칙에 따라 자기 책임하에 자기 노력으로 성취가 이루어진다는 합리적인 말씀을 해 주셨기 때문이야. 유명한 물리학자인 아인슈타인 박사가 종교에 관심이 많아서 세상의 모든 종교를 두루 살펴보고, 오직 불교만이 과학적이고 논리적이며 합리적인 종교라고 말하고, 앞으로 인류가 점점 지적 수준이 높아지면 모두가 불교를 믿게 될 것이라고 말했지. 그러나 현실은 어떤가. 오히려 점점 더 절대자를 믿는 사람들이 늘어나고 심지어는 턱없는 맹신을 강요하는 사이비 종교가 더 판을 치는 세상이 되어가고 있어. 왜 그럴까? 아인슈타인은 자기의 지적 수준에서 판단한 것이지 일반사람들의 지적 수준과 인간 본성을 간과한 것이야. 대부분 사람의 본성은 게으르고 공짜를 좋아하고 깊이 생각하기 싫어하고 노력하기 싫어하고 누군가가 대신 해주기를 바라는 마음이 항상 존재한다는 사실을 간과한 거야. 노력은 안 해도 신에게 빌기만 하고 맹신하고 종노릇만 하면 다 이루어준다는데 얼마나 매력적인 유혹인가. 열 개의 노력을 하고 백 개의 결과를 달라고 빌면 준다고 하는 데에는 넘어가기 쉬운 게 사람 마음이니까. 불교는 백 개의 노력을 하고 백 개의 결과를 달라고 하면서 기도해야 하니 맹신적인 믿음과는 차원이 다르지. 노력하면서도 잘 이루어 주십사 하고 기도 하는 것은, 노력만 한다고 금방 다 이루어지지 않는다는 건, 우리가 알 수 없는 인과의 지연 현상이니까 빨리 잘 이루어지게 해 달라고 염원하는 게 불교의 기도하는 목적이야. 인과의 법칙은 시차는 있을지라도 오차는 없다는 게 우주의 법칙과 같다고 할 수 있지.

삶의 방법을 제시하는 불교

내가 불교를 좋아하는 이유를 한번 열거해 보마.

부처님은 많은 설법을 하셨지만, 요점은 현재와 현실을 잘 살아가라는 말씀이야. 이 우주의 법의 본질을 설명하시고, 그 속에서 내가 태어나고 살아가는데 어떻게 살아가야 하며, 삶이란 어렵고 힘든 일이지만, 수행해서 고통에서 벗어나는 방법을 일러주시고, 어차피 윤회는 하게 되지만, 어떻게 하면 내세에 더 좋은 곳에 환생할 수 있다는 희망과 방법을 가르쳐 주신 거야.

우주의 본질을 설명하신 것은 인연법 즉 인과법이며 삼법인이라고 하는데, 제행무상 제법무아 열반적정으로 설명해 주시고, 잘 살아가는 방법으로는 팔정도를 설하시고, 어떻게 살아가야 하는지는 육바라밀을 설하셨지. 이렇게만 실천하고 수행하고 살아가면 현실도 큰 어려움 없이 잘 살아가고, 내세에도 좋은 곳에 환생할 수 있다고 가르침을 주셨기 때문이야. 이미 법성계와 팔정도와 육바라밀을 다 살펴보았으니, 이제는 실천하면서 살아가면 되는 거야. 삼법인은 법성계를 줄인 표현이라고 할 수 있어. 제행무상은 이 우주의 모든 것은 다 변한다는 뜻이야. 자칫 무상을 허무로 생각하여 덧없다고 생각하는 경향이 있는데, 이는 잘못 해석하는 거야. 무상이란 변화를 말하는 것이며 변화는 다시 새로운 것으로 생겨난다는 뜻이므로 희망적이고 발전적인 것이지. 만약에 모든 것이 변하지 않고 그대로 있다고 생각해 봐. 그 얼마나 답답한 세상일까. 제법무아도 마찬가지야. 그 어떠한 것도 나라고 단정 지을 것이 없다. 나라고 하는 것은 아무것도 없다. 이것도 자칫하면 '내가 없다'라고 해석해서 허무하게 생각하는 사람이 많은데, 이 또한 변화를 말하는 거야. 쉬지 않고 변하는 게 법성이고 인연의 결과물이니, 이것이 나라고 말할 수 없다는 뜻이야. 한순간도 머물지 않고 변화하니 이게 나인가 하면 벌써 변화를 해버리니 나라고 규정하기 어렵다는 말이지. 그렇다고 없다는 것은 아니지. 쉬지 않고 변화를 해 나가는 것이지. 쉬지 않고 변화해 나가는 그 내가 바로 나이니까. 현실의 어느 한순간에 집착하지 말고, 집착할 필요도 없고, 실망할 필요도 없고, 더 나은 나를 만들어 나갈 수 있는 희망이 있는 나, 끊임없이 변화해 가는 나, 그게 바로 참다운 나라고 할 수 있다.

'열반적정'은 변화를 멈추고 가만히 있는 상태를 말하는 거야. 열반이란 범어로 니르바나라는 말을 한자어로 음역을 한 것이야. 불경은 본래 인도 말로 되어 있었는데, 중국에 전해지면서 한자어로 번역할 적에 음역도 하고 의역도 해서 만들고, 우리나라는 또 이 한문으로 된 경전을 우리나라 말로 옮기면서 음역도 하고 의역도 해서 오늘의 경전이 된 거야. 부처님의 말씀을 왜곡하면 지옥으로 가게 된다는 말이 있는데, 이는 올바로 깨우치고 올바로 전달해야 한다는 말이다. 열반적정은 변화를 멈추고 움직이지 않는 상태를 말하는데, 현대 물리학적으로 말하면 절대영도의 상태를 말하는 거지. 분자 원자가 운동을 하지 않고 가만히 있으면 물질의 상태가 사라지고 완전한 공이 되는 거지. 온갖 에너지도 다 정지된 상태이므로 뇌파마저도 즉 생각마저도 사라진 상태가 되니, 그야말로 열반적정이 되는 거야. 이 상태는 빅뱅 이전의 상태라고 짐작할 뿐 현대의 과학으로도 절대영도는 얻을 수가 없고 도달할 수도 없지. 왜냐하면 없는 것으로 없는 상태를 만들 수는 없으니까. 온도를 내리는 기계가 절대영도가 되는 순간 사라지고 말 테니까. 이 상태는 모두가 다 사라진 상태이니 걱정도 기쁨도 없는 상태이니 수행의 최고 단계에서 얻을 수 있는 경지이고 이 공의 상태를 잘 설명해 놓은 경이 반야심경이야. 나중에 시간 날 때 반야심경에 대하여 한번 이야기해 보자.

삼법인에 대하여 각각 살펴보았는데 법계 전체를 설명한 법성계를 요약한 내용이기도 하고 모든 것은 고정된 실체가 없고 인연 따라 성주괴공 생주이멸 하는 것이니 탐하는 마음도 성내는 마음도 어리석은 마음도 다 실체가 없는 것이니 집착할 게 하나도 없다는 가르침을 주신 거야. 부처님이 설법한 이러한 깨우침이 전부 합리적이고 논리적이고 과학적이니 내가 좋아할 수밖에 없고 이러한 법을 만났으니 얼마나 행운인지 몰라. 이러한 기쁨을 가장 잘 표현한 글이 있는데, 천수경 개경게가 있지.

손주: "그것도 궁금하니 설명해 주세요. 할아버지에게 기쁨을 주셨다니 알고 싶어요."

할아버지: "그래, 그러면 설명해 주마.

천수경(千手經) 개경게(開經偈)

무상심심미묘법 無上甚深微妙法
백천만겁난조우 百千萬劫難遭隅
아금문견득수지 我今聞見得修持
원해여래진실의 願解如來眞實義

한문으로 되어 있어 글자만 읽어서는 무슨 뜻인지 잘 몰라.
너는 한문을 안 배웠으니, 한문으로 써 봤자 어차피 잘 모를 것
이니 그냥 설명해 주는 게 더 낫겠지. '개경게'란 '경을 읽기 위
해 경을 펼치면서 읊는 노랫말'이야. 천수경은 천수천안관세음
보살이 중생에게 가르침을 주신 경전이야. 관세음보살이 부처님
의 위신력으로 말씀하신 것이므로 부처님이 말씀하신 거와 같
다고 생각하면 돼.

'무상심심미묘법'이란 '이보다 더 높고 더 깊고 미묘한 법은 없다.' 즉 부처님의 설법을 말하는 것이야.

'백천만겁난조우'란 '백 겁 천 겁 만 겁을 지나도 만나기 어렵다'는 말이야. 겁의 시간이 얼마나 긴 시간인지는 앞에서 살펴보았지. 불교에서 말하는 시간 인연이란 우리의 일반적인 상상을 초월하는 게 참 많아. 사람의 몸으로 태어나는 확률도 맹귀우목이니 침개상투니 하는 말이 있지. '맹귀우목(盲龜遇木)'이란 바다에 사는 눈먼 거북이가 숨을 쉬기 위해 삼천 년에 한 번씩 물 위로 고개를 내미는데, 이때 마침 바다를 떠다니는 구멍 뚫린 나무에 머리가 꿰는 확률이라니 몇 겁이라야 그렇게 될까. '침개상투(針芥相投)'도 비슷한 확률이고. 그렇게 희귀한 인연으로 사람으로 태어나도 부처님 법을 만나는 게 얼마나 힘든 일인지 몰라. 지금 부처님 법도 만나기 힘든데 만약 지금 놓치면 다음 부처님은 오십육 억 칠천 만 년 후에나 오신다니 얼마나 만나기 힘드냐. 그런 귀한 부처님 법 만나는 인연을 지금 내가 이루었으니 얼마나 행운이냐. 백천만겁 만에 만나는 인연이란 말이 실감 나지. 너도 아주 귀한 인연을 만난 것을 행운으로 생각하고 다음 게송을 보고 각오를 더 다져야 해.

'아금문견득수지'란 '지금 내가 듣고 보고 지니게 되었다'라는 말이야. 듣는다니 설법하는 부처님 말씀을 전해 듣고, 본다니 부처님의 말씀이 담긴 경전을 본다는 것이니, 지금 막 부처님이 설법해 놓으신 경전을 받아 지니게 되었으니 얼마나 기쁜 일인가. 백천만 겁 만에 지니게 되었으니 말이야.

'원해여래진실의'란 '부처님의 참뜻을 알기를 원합니다'라는 말이야. 부처님이 전하고자 하는 참뜻을 정확히 알아야지 잘못 해석해서 엉뚱하게 생각하거나 해석하면 안 되는 거지. 사람은 누구나 선입견이 있고 편견이 잠재의식 속에 들어있어서 자칫 제 나름대로 오해할 수가 있지. 이러한 잘못을 저지르지 않으려면 마음을 잘 수행하여 맑은 마음으로 경을 읽어서 부처님의 참뜻을 잘 이해하게 해 주십시오 하고 서원하면서 경을 펼치는 거야. 이상 개경게에 대해서 대강 설명했고 천수경이 궁금하면 나중에 만나보기를 바란다.

부처님의 참뜻을 다시 한번 요약하면,

부처님이 깨달음을 얻으신 후 이 법계를 두루 살펴보시고 법성을 보니, 모든 법이 다 인연에 의해서 성주괴공 생주이멸하는 현상에 지나지 않음을 보셨다. "이것이 있으므로 저것이 있고 저것이 없어지면 이것도 없어진다. 모든 것은 인과 연이 만나서 생기기도 하고 없어지기도 한다."라고 말씀하시고, 인연법을 논리적으로 추구해 놓은 것이 십이연기법이다. 사람들이 삶이 힘들다고 하여 그 근본 원인은 무명(無明)에서 오니, 무명을 타파하면 모든 고민이 다 없어질 것이다. 그래서 무명 타파법을 설하신 것이 부처님 설법의 전체 대의다.

무명이란 인연법을 모른다는 뜻이고, 중생이 고통에서 어떻게 하면 벗어나게 되는지를 말씀하신 것을 제자들이 집대성해서 엮어놓은 게 팔만대장경이야. 너무 방대해서 다 알기는 일반인들에게는 어렵고 스님들도 평생 공부해도 다 이해하기는 쉽지 않다. 그래서 할아버지는 일반사람들이나 재가 불자들이 꼭 알고 실천해야 하는 것들만 너에게 이야기해 주고 싶다. 신라시대 원광법사가 설한 세속오계처럼 시류에 따라 현대의 일반인들이나 재가 불자가 실천할 수 있는 것을 모아서 이야기하고자한다.

현대인이 실천할 것

첫째, 인연법을 제대로 이해해야 한다. 앞에서 살펴본 법성 게를 이해하면 우주법계의 인연을 알고 모든 게 다 인연으로 이루어지고 저절로 홀로 이루어지는 것은 없다는 사실이다. 우리의 일상생활에 적용해서 얘기하면 매사에 공짜는 없다는 말이다. 노력한 만큼 성과가 온다는 사실을 항상 명심하고 염두에 두고 살아야 한다. 공짜를 좋아하는 사람의 마음과 욕심을 이용해서 사기꾼들은 유혹하지. 그래서 그 말에 현혹되어 삶을 망치는 사람들을 보면 참으로 안타깝다. 사기꾼들은 현세에서 처벌받거나 내세에도 반드시 지옥에 가겠지만, 사기당한 사람들의 고통은 이루 말할 수 없을 것이다. 그러나 그 원인은 본인의 욕심과 어리석음에 있다. 노력한 만큼만 바라야지 그 이상을 바라거나 욕심을 내면 반드시 유혹에 넘어간다. 사기꾼이

꾀는 달콤하고 좋은 것이 있다면 자기가 안 가지고 왜 남에게 주려고 할까를 먼저 생각해야 한다. 무엇을 결정하든 반드시 인과법을 생각해야 한다, 이걸 하면 어떤 결과가 올지 한 번쯤 아니 몇 번이고 여러 가지 예측을 해 보고 결정하는 버릇을 길러야 한다. 성경에도 사탄의 유혹이 나오는 걸 보면 항상 내 마음을 확고히 해야 함을 일깨워 준다.

둘째, 개인의 인간성을 향상하기 위하여 부처님 말씀을 따라야 한다. 부처님은 인간의 고뇌를 없애기 위해서 많은 설법을 하셨지만, 우리가 일반적인 삶을 잘 살아가고 행복하게 살기 위해서도 부처님 말씀대로 하면 된다고 생각한다. 앞에서 말해 준 팔정도와 육바라밀을 잘 실천하면 나의 인간성이 성숙해지고 다른 사람들과의 관계도 돈독해져 저절로 훌륭한 삶을 살아가게 되는 것이다.

셋째, 오계를 지키도록 노력해야 한다. 계율이란 우리가 스스로 지켜야 할 법률을 말한다. 스님들은 250가지가 넘는 계율이 있는데 이렇게 많은 계율은 여러 사람이 모여 살게 되면 그 단체가 질서정연하게 잘 유지되어야 하기 때문이다. 우리들의 일반 사회생활을 잘 유지하기 위해서는 즉, 국가가 잘 유지되기 위해서 헌법과 법률이 있는 것과 같은 것이다. 부처님은 재가 불자들이 지켜야 할 다섯 가지의 계율을 말씀하셨는데, '첫째 살생하지 말라, 둘째 도적질하지 말라, 셋째 음행을 하지 말라, 넷째 거짓말하지 말라, 다섯째 술을 먹지 말라'이다.

그 이유를 하나하나 따져보면, '살생하지 말라'는 남의 목숨을 뺏으면 안 된다는 것이니, 이는 남이 나의 목숨을 뺏는다고 가정하면 답이 뻔하게 나오는 계율이다. 개인적인 취미로 사냥이나 낚시는 절대로 해서는 안 되고, 생업이나 건강을 위해서는 어쩔 수 없이 저지를 수가 있다 하더라도 최소한으로 하되 그만한 인연의 대가는 언젠가는 업보로 돌아올 수도 있다고 생각해야 한다. 절대로 취미나 고의로 살생해서는 안 된다고 하신 것이다. '도적질하지 말라'도 마찬가지이다. 누가 애써 모은 내 재산을 훔쳐 가면 싫듯이, 남의 재산도 훔치면 안 되는 것은 자명하다. '음행을 하지 말라'도 누가 내가 사랑하는 사람들을 자기의 일시적 만족을 위하여 망쳐놓으면 좋겠냐고 생각해 보면 이 역시 안 되는 짓이다. '거짓말하지 말라'는 것도 역시 입장을 바꾸어 생각하면 답은 정해져 있다. '술을 먹지 말라'는 계율은 재가 불자들이 가장 지키기 힘든 말씀인데, 술이란 먹어 본 사람들은 다 아는 사실로 절제하기가 어렵기 때문이다. 술은 고대로부터 있어 왔고 부처님 시대에도 술을 먹어 실수하는 사람들이 많이 있었을 것이다. 술은 많이 먹으면 실수하기 쉽고 몸을 망치기 쉬우니 차라리 먹지 않는 게 좋다는 말씀을 하신 것이다. 술은 한 방울을 마셔도 독이라 마시면 안 된다는 의사도 있고, 한 잔 정도는 혈액 순환에 좋다는 의사도 있지만, 많이 먹어도 좋다는 의사는 한 사람도 없다. 술과 같이 절제하기 힘들고 몸과 정신을 망치는 것은, 예를 들면 마약 게임 도박 등등 쓸데없는 일에 에너지를 탕진하는 것을 말한다. 이러한 것들은 절제하기가 어려우니 아예 안 하는 것이 좋다는 말씀인데, 만약 부처님께서 지금 세상에 계셔서 계율을 정하신다면, 담배를 피우지 말라, 마약을 하지 말라, 게임에 중독되지 말라, 도박을 하지 말라도 덧붙였을 것이다. 다른 계율들도 지키기 어렵지만 '술을 먹지 말라'는 현재의 사회적 습관으로 보면 지키기가 어렵다고 본다. 재가 불자들이 사회생활을 하다 보면 술을 마실 일이 생기는 데, 그때마다 부처님 말씀을 떠올리면서 마시면 실수를 안 하게 될 것이다.

부처님의 오계는 나의 인간성 향상을 위하여 항시 지키도록 노력해야 한다. 만약 오계를 극단적으로 범하면 사회적 법률로도 처벌을 받겠지만, 부처님의 당부는 스스로 지켜서 내 인간성을 잘 정화해야 수행도 잘할 수 있고 사회생활도 잘할 수 있음을 깨우쳐 주신 것이다. 부처님의 설법이 많은 이유는 질문하는 사람마다 그 사람 이해력에 맞게 설명해 주셨기 때문이고, 이와 같은 설법을 대기설법이라고 하는데, 45년간을 설하셨기 때문에 팔만 사천 법문이 된 것이다.

부처님 설법을 다 아는 것도 중요하지만 실천하는 게 더 중요하므로 재가 불자인 너는 할아버지가 위에서 열거한 것들, 인연법을 잘 이해하고 팔정도를 실천하고 육바라밀을 수행하고 오계를 지키며 살아가면 훌륭한 삶을 살아가게 될 것이다. 불법을 빨리 알수록 좋겠지만 너무 어리면 이해력이 부족해 잘 모를 것이니, 지금 너 나이가 딱 좋은 나이야. 내가 말한 모든 내용을 다 알아들을 수 있겠지?

손주: "네, 거의 다 알아들을 수 있어요. 더 가르쳐 주실 것은 없어요?"

할아버지: "불교에서는 현세의 삶은 어떻게 살아야 고통 없이 살아가고, 내세의 삶에 대해서는 육도 윤회의 길을 가르치고 있어. 현세의 중생들, 중생들이라면 모든 생명 있는 것들을 다 말하지만, 부처님의 말씀을 적어놓은 경은 전부 글자이니 결국 우리 인간들을 위한 가르침이라고 할 수 있다. 살아있는 사람들을 위해서 가르침을 주시고 소망을 성취해 주시는 분은 관세음보살이고, 죽은 사람의 영혼을 교화하고 구제하는 분은 지장보살이라 한다.

우리 지금부터 삼매에 들어가서 두 분을 만나 궁금한 것들을 여쭈어보기로 하자. 먼저 관세음보살부터 만나보기로 하자.

--- 그리하여 할아버지와 손주가 가부좌를 하고 선정에 들어가서 관세음보살을 염송하였다. 오랜 시간이 흐른 후 드디어 관세음보살이 현현하시었다. ---

관세음보살을 만나

관세음보살: "왜 날 찾았는고?"

할아버지: "관세음보살님께 귀의하옵나이다. 이렇게 만나 주서서 무한한 영광이옵니다. 보살님께서 설하신 반야심경을 저희에게 대기설법으로 말씀해 주시기를 청하옵니다. 저는 전해오는 지금의 경전도 이해가 갑니다만, 저 어린 손자가 알아 듣기 쉽게 현대적인 언어와 상식으로 설명해 주시기를 간청하 옵니다."

관세음보살: "음, 손자를 생각하는 마음이 갸륵하고 좋은 생 각이구나. 저 손자가 알아들을 정도면 현대의 보통 사람들도 다 알아들을 것이니 기특한 아이디어로다. 그러면 내 저 손자 가 알아들을 수 있게 말해보겠다.

반야심경

우선 내가 반야심경을 설한 이유부터 말해 주마. 대부분의 사람이 삶이 고통스럽다고 하여서 내가 그 연유를 캐 보니 탐욕과 성냄과 어리석음에서 비롯되고 있어. 이 탐(貪), 진(嗔), 치(痴)는 어디에서 오고 있는가 살펴보니 오온(五蘊)에서 오고, 오온의 시발점이 어딘지 살펴보니 공에서 오는 걸 알고, 이 사실을 말해주어야 사람들이 고통에서 벗어나게 될 것 같아 반야심경을 말한 거란다. 공이란 어떠한 것이며 공의 실상이 무엇이냐, 한번 생각해 보자. 이미 살펴본 법성게에서도 언급되어 있듯이 움직임이 없는 니르바나 즉, 열반이 공이야. 현대의 과학으로 이야기해 보면 영, 즉 제로를 말하는 거야. 영 즉 공이란 아무 것도 없다는 게 아니고 모든 것의 시발점이란 말이다. 아무리 큰 숫자라도 영에서부터 출발하고, 아무리 큰 것이라도 줄어져서 사라지면 영이 되는 거지.

그러므로 공이란 시발점인 동시에 종착점이며 모든 것이 내재하여 있지만 실재하지는 않는 상태이므로 증득해야만 알 수 있다고 했어."

할아버지: "손주야, 보살님 말씀이 어렵지는 않으나, 이해가되냐?"

손주: "네, 알아듣겠습니다. 계속 가르쳐 주십시오."

관세음보살: "음, 그러면 지금부터 반야심경을 네가 알아듣기 쉽게 말해 주마. 잘 들어라.

내가 깊은 선정의 경지에서 오온을 바라보니 오온이 바로 공이고 공이 오온과 다름이 없다는 것을 알았다. 오온이란 색, 수, 상, 행, 식 다섯 가지를 말하는데, 색(色)이란 형상을 말하고, 수(受)란 감각기관을 말하며, 상(想)이란 우리의 인식 작용을 말하며, 행(行)이란 행동을 하는 의지를 말하며, 식(識)이란 인식하는 마음의 작용을 말하는 것이다. 이 오온들이 다 공에서 나오고 공으로 돌아가니, 오온이 공이고 공이 오온이므로, 모든 고통과 걱정이 다 사라지는 것이야. 인간의 모든 고통이 다 이 오온에서 나오는 것인데 이 오온이 본래가 공이니, 고통이 공이되는 것이지.

손자야! 이 공이란 어떤 것이냐 하면 생겨나는 것도 아니고 없어지는 것도 아니고 더러운 것도 아니고 깨끗한 것도 아니고 더 생기는 것도 아니고 닳아서 줄어지는 것도 아니야. 그러므로 이 공에는 오온도 없고, 오온에서 오는 감각기관도 없고, 감각을 일으키는 대상도 없고, 감각을 인식하는 인식 작용도 없고, 불교에서 말하는 무명 즉 인연법을 모르는 것도 없고, 무명이 다함도 없고, 사람들이 제일 무서워하고 싫어하는 늙고 죽음도 없고, 인생의 고달픔을 해결해 주는 고집멸도도 없고, 아는 것도 얻는 것도 다 없어지는 걸 보고, 나는 오직 반야바라밀에 의지해서 보니, 마음에 걸리는 게 없고 아무 두려워할 것도 없어지니, 그동안 일어났던 오만 가지 헛된 잡생각들이 다 사라지고 마음이 아주 고요한 공에 이르게 되었던 것이야. 나만 그런 게 아니고 삼세의 모든 부처님도 다 반야바라밀에 의지하여 최상의 깨달음 즉 공을 증득하신거야. 그러므로, 반야바라밀다는 최고의 밝고 현명한 주문으로 이 주문과 대등하거나 더 우수한 주문은 없단다. 모든 고통을 없애주는 참된 이 주문을 말해 보면,

가테 가테 파라가테 파라삼가테 보디 스와하.

gate gate paragate parasamgate bodhi svaha

주문은 선정에 들어가서 반야바라밀을 증득하여 일체가 공이라는 걸 깨우치기 위해 그냥 외우면 되는 거란다. 굳이 의미를 알고 싶다면 '가자 가자, 아주 가자. 아주 확실히 깨달음의 저곳으로 가자. 오 깨달음이여, 찬란하여라'란 뜻인데 망상을 버리고 깨달음의 세계, 즉 공을 증득하라는 거다. 어때 손주야!. 네가 알아듣기 쉽게 말해 주었는데 전체 대의를 파악했느냐?"

손주: "네, 내용은 이해가 되는데 보살님께서 왜 반야심경을 말씀하셨는지 요약해서 한 번 더 말씀해 주시기를 바랍니다."

관세음보살: "서두에서 이미 말해 주었지만, 한 번 더 이야기해 주마. 사람들이 힘들고 어렵고 고통스러우면 날 찾으며 구제해주십사 하고 요청하는데, 나는 이름 그대로 세상의 모든 소리를 다 듣고 보고 해서 관세음이라고 하고, 또 관자재보살이라고도 불리는 것처럼, 어디든 다 나타나서 중생들의 고통을 해

소해 주고 있다.

중생들 고통의 근원은 탐심(貪), 즉 지나친 욕심을 내는 마음과 진심(嗔), 즉 탐심을 이루지 못할 때 나오는 분노하는 마음과 치심(痴), 즉 인과의 법을 모르는 어리석은 마음에서 오는데, 그 마음의 바탕은 육근(六根), 즉 여섯 가지 바탕-눈, 귀, 코, 혀, 촉각, 생각-과 육식(六識)-육근이 일으키는 의식 작용-과 육경(六境)-육근이 파악하고 인식하는 대상의 경계를 말하는 것으로 모양 소리 냄새 맛 촉감 생각-이 있다. 내가 공의 경지에서 보니 육근, 육경, 육식도 모두 공과 다르지 않고 공에서는 다 사라지는 것들이야. 이것들이 사라지면 탐, 진, 치도 사라지는 것이므로, 온갖 고통이 다 사라지는 것이야. 생각해 보아라. 우리의 감각기관도 사라지고 감각기관이 인지하는 대상도 생각도 다 사라지면 고통이란 있을 수가 없지. 말하자면 고민하는 이 몸과 마음이 전부 공이 되니까 고민과 그로 인한 고통이 저절로 사라지는 것이지. 공이란 내가 아주 사라지는 게 아니고, 아무것도 없는 무가 아니고 반야바라밀을 수행하면 터득하는 경지이며 모든 법(존재)의 본래의 자리 근본 자리 본바탕을 말하는 것이야. 이건 말로 이해시키기도 어렵고 생각으로 이해하기도 어려운 경지이므로 반드시 반야바라밀을 수행해서 터득해야 하는 경지야. 알아들을 수 있겠느냐?"

손주: "네, 말씀은 이해가 되는데 엄연히 이 육신이 있고, 이 육신이 있어서 탐, 진, 치가 생기는데 어떻게 해야할지 모르겠습니다. 욕심이 없이 어떻게 살아갈 수가 있겠습니까?"

관세음보살: "음, 네 말이 맞다. 생명이 살아간다는 것이 어쩌면 욕심이 삶의 원동력이라고 할 수 있지. 그러면 욕심이란 것부터 정의를 새로 해야겠다. 삶의 원동력인 욕심은 욕망이나 의욕이나 희망으로 부르고, 불교에서 말하는 탐심 즉 욕심이란 삶의 원동력인 의욕을 벗어난 탐욕을 말하는 것이다. 사람이란 필요 이상을 더 가지고 싶은 욕심이 발동하면서 온갖 부당한 방법과 수단을 동원하여 욕심을 채우기 때문에 남에게도 피해를 주고 자신의 마음도 항상 괴로운 것이야. 진심, 즉 성내는 마음도 욕심이 충족되지 않기 때문에 일어나고, 치심, 즉 어리석은 마음도 욕심에 마음이 어두워지기 때문에 생기는 현상이야. 그러므로 쓸데없는 욕심을 억제하고 바르게 살아가면 되

는 거야.

　바르게 살아가기 위해서는 앞에서 할아버지가 팔정도와 육바라밀에서 자세히 설명해 주었으니 그대로 실천하면 되는 거야. 부처님께서도 팔정도에 의거해 살아가면서 얻어지는 결과물은 많을수록 좋고, 많으면 자연적으로 남에게 베풀 수도 있으니 좋은 일이라고 하셨어. 예를 들면 돈을 벌더라도 정당한 방법으로 남에게 해를 주지 않고 열심히 노력하고 남다른 독창적인 방법으로 재물을 모으는 것은 좋은 일이라고 할 수 있지. 요즈음 전 세계적으로 독창적인 아이디어로 세계의 재벌이 되는 젊은 사업가들이 속속 생겨나고 있어 좋은 모범이 되고 있구나.

　모든 일이 다 정당하고 순수함에서 출발하고 노력하고 이루어지도록 하는 게 부처님께서 장려하시는 것이야. 네가 학업성적을 올리고 싶으면 그냥 성적이 향상되면 좋겠다는 막연한 생각만으로는 절대로 이루어질 수 없지. 방법을 생각해 내고 노력해야만 이루어지는 것이지 행여 부당한 방법으로 이루려고 한다면 그것은 사상누각이나 다름없지. 일시적으로 이루어진 것처럼 보이지만 금방 허물어지고 말지. 항상 정도를 걸어야 바로 갈 수 있고 확실히 이룰 수가 있는 거야. 부처님은 재가 신자들을 위해 팔정도와 육바라밀을 말씀하신 거야. 물론 스님들에게도 수행의 원초가 되는 법문이지. 손주야 내 말뜻을 이해하겠느냐?"

인연법

손주: "네, 그런데 부처님의 첫 번째 가르침이 인연법이라고 하셨는데 공을 말씀하시니까 인연과 공이 어떠한 관계인지 말씀해 주십시오."

관세음보살: "이 우주의 모든 현상은 다 인연법에 따라 생멸하지만, 인연법의 본바탕은 즉 모든 현상의 본바탕은 공이라는 걸 내가 보고 깨달아서 말하는 거지. 모든 생명체는 생멸을 고통으로 여기는데, 특히 사람들이 더 많이 괴로워하는 것 같아서 내가 공을 가르쳐 준 거야. 모든 법의 본바탕은 공이고 공에

서 보면 괴로워할 것이 아무것도 없다는 진리를 가르쳐 준 거란다."

손주: "인연법에 대해서 좀 더 상세히 말씀해 주시기 바랍니다."

관세음보살: "그래, 모든 현상이 다 인연에 의해서 생멸한다고 하니 약간 막연한 감이 들겠지. 여러 가지 예를 들어가며 설명해 주마.

사람들이 인연을 알기를 대개 사람과 사람의 만남으로 알고 있는데, 부처님이 말씀하신 인연법은 사람과의 만남뿐만 아니라, 모든 존재의 상호 만남뿐만 아니라, 모든 현상의 상호 만남도 그러하고, 존재들과 현상들과의 만남도 다 포함되는 거란다. 그러니까 이 우주법계는 다 인연으로 존재하는 거란다.

너를 중심으로 일어나는 모든 만남을 살펴보자. 지금 옆에 계신 할아버지와의 만남도 할아버지가 너의 아빠를 낳았기 때문에 네가 태어난 것이며, 할아버지는 증조할아버지, 증조할아버지는 고조할아버지, 한없는 윗세대까지의 인연은 끝이 없고, 네가 또 아빠가 되어 자손이 끝없이 이어질 것이니 우주가 존재하는 날까지 인연은 계속되는 것이지. 사람과의 인연은 이와 같다.

현상과의 인연을 살펴보면, 더우면 땀나서 찬물로 목욕하고 추우면 따뜻한 곳을 찾아가고, 잘못 대처하면 아프기도 하고, 네가 행동하고 마주치는 모든 것들과 현상들이 다 인연이 되고 그래서 다 결과가 되고 그것이 다시 인이 되어 연을 만나서 인 연이 되고 인과가 생기는 것이고, 이 또한 내가 존재하는 한 끝 없이 일어나는 것이지. 인이란 인연을 일으키는 주체이고 연이 란 인을 받아들이는 객체인 셈인데 상대적이니까 상호 인이 되 고 연이 되는 것이지.

과학적으로 살펴보면 온갖 물리적인 현상이나 화학적인 현 상들이 다 인연법에 따라 일어나는 것이라고 말할 수 있지. 저 수지의 물이 떨어지면서 발전기를 돌려 전기를 생산하고, 그 전 기가 네 방 안을 밝게 하여 네가 학교에서 가져온 숙제 공부를 할 수 있게 하는 것도 다 인연에 따라 일어나는 일이지. 수소 가 산소를 만나 물이 되어 생명이 탄생하는 인연을 만들어 내 는 것도 인연이고, 네가 좋아하는 게임도 수많은 인연이 만들어 내는 결과물이지.

한번 살펴볼까? 게임을 구상하고 만들어 내는 사람도 있고 반도체를 만드는 사람도 있고 디스플레이도 있어야 하고 이런 것들을 모아 휴대폰을 만드는 사람도 있어야 하고 전기도 있어야 하고 이런 모든 것들에 종사하는 사람들이 얼마나 많을지 가늠하기 힘들 정도로 많은 인연들이 모여야 지금 네가 게임을 즐길 수 있다. 생각해 보면, 게임뿐만 아니라 이 우주의 모든 것들이 한없는 인연들이 모여서 조화를 이루어 네 앞에 나타나고, 네가 그러한 모든 것들을 다 누리고 있다고 생각하면, 온갖 인연에 저절로 감사하는 마음이 일어나서 인연의 고마움을 느끼지 않을 수 없을 거야. 감사하는 마음 고마운 마음은 우리를 겸손해지게 하고, 그러면 인격은 저절로 성숙해질 것이다.

인연법은 이와 같이 이 우주의 진리이며, 이 법을 깨달으시고 우리에게 가르쳐 주신 부처님의 참뜻을 알고, 매 순간 내가 해야 할 일에 감사하고 내 힘껏 열심히 하는 길이 즉 최상의 인연을 만들어 나가는 것이 삶의 바른길이고 부처님 가르침에 감사하는 길이야. 알아듣겠느냐?"

손주: "정말 인연 아닌 것이 하나도 없다는 부처님의 말씀이 너무 가슴에 와닿습니다. 그런데 할아버지께서 말씀해 주신 삼법인은 이 모든 귀중한 인연들이 다 변하고 없어지며 이것이 그것이라고 할 게 아무것도 없고 열반적정이라고 하니 아무 의욕이 일어나지 않을 것 같은데 어떻게 의지해야 하겠습니까?"

관세음보살: "음, 네 말에도 일리가 있다. 자, 여기서 인간 삶의 실체를 살펴보자. 사람은 누구나 전생의 인연에 의해서 생을 받아 태어나고 살아가고 있다. 산다는 것은 모든 생명체가 부여받은 숙명이며 운명이다. 살기 위해서 일해야 하고 먹어야 하고 자손을 번창시켜야 한다. 그러기 위해서는 생존 경쟁을 하고 그 과정에서 탐, 진, 치가 일어나고, 업을 짓고 괴로워하면서 살아간다. 물론 육근 육식이 있으니까 때로는 즐거움도 있을 것이다. 그래서 괴롭지만 즐거움도 있어서 참고 살아갈 만한 세계라고 하여 사바세계라고 한단다. 이 모든 현상이 부처님께서 말씀하신 인연법에 따라서 일어나는 것은 모든 존재와 현상의 본성인 것이다.

인연이란 쉼 없이 일어나기 때문에 변화가 무상하니 제행무상이고, 쉼 없는 변화가 일어나니 이것이 실체라고 말할 게 하나도 없어서 제법무아이고, 제행무상 제법무아를 일으키는 본래의 바탕은 열반적정이라고 말씀하신 것이다. 그래서 우주의 모든 법의 본바탕이 삼법인이라고 가르쳐주신 것이고, 이 가르침을 완전히 이해하면 집착심이 없어지고 탐, 진, 치도 사라지니 마음이 자유로워져 아무 근심 걱정을 할 필요가 없을 것을 알게 될 것이다. 어차피 생을 받았으니 살아가야 하고, 인연의 실체를 알았으니 좀 더 인연의 소중함과 인연에 따라 생기는 업보는 끝없이 나와 함께 하는 것을 아는 삶과, 아무것도 모르면서 되는 대로 살아가는 인생을 비교하면 어떠한 삶을 살아가야 할지 자명하지 않으냐?"

손주: "네, 고마우신 말씀 감사합니다. 인연법을 잘 숙지하고 주어진 제 삶을 열심히 잘 살아가겠습니다. 인연 따라 지어지는 업보에 대해서도 말씀해 주시면 좋은 인연을 지어 좋은 업을 쌓아가고 싶습니다."

관세음보살: "음, 거기에 대해서는 지장보살에게 물어보거라. 나에게 물어볼 말이 더 없으면 나는 이만 다른 사람에게 가

보아야 하니까 떠나련다."

　할아버지와 손주가 합장하고 감사 인사를 올리니 관세음보
살께서 손을 흔들어 주시며 멀리 사라졌다.

지장보살을 만나

할아버지: "손주야, 지장보살도 만나보고 싶으냐?"

손주: "네, 할아버지. 만나보고 좋은 말씀을 듣고 싶습니다."

이리하여 다시금 할아버지와 손자가 지장보살을 염하며 삼매에 들기를 한나절 가량 지나니 드디어 지장보살께서 현현하셨다.

지옥 중생 구제

지장보살: "나를 찾았는가?"

할아버지: "네, 보살님. 이렇게 만나 주시니 감사합니다. 보

살님은 지옥 중생을 구제하시기 위하여 성불도 미루고 모든 지옥 중생을 구제한 후에 성불하시겠다고 하여 참으로 원대한 사명감을 가지시고 애쓰고 계십니다만, 은근히 걱정도 됩니다. 이승에서 나쁜 업을 쌓아 지옥으로 가는 중생이 끊어질 날이 올 것 같지 않아 보여서 말입니다."

지장보살: "그렇게 걱정을 해주다니 고맙기는 하다만, 내가 그렇게 서원을 세웠기도 하지만 지옥에서 고통받는 중생을 그냥 둘 수야 없지 않으냐? 나 아니라도 누군가는 해야 할 일이니라."

손주: "지옥에는 왜 가게 되는 거예요. 어떤 죄를 저지르면 가게 되나요.

지장보살: "사람이 살아가면서 짓는 죄의 종류도 많으므로 그에 합당한 벌을 받기 위해서 지옥의 종류도 많단다. 그걸 다 말하면 너무 오래 걸리고 복잡해 네가 이해하려면 시간이 오래 걸릴 거야. 자세히 알고 싶으면 네가 더 자란 후에 알아보도록 하여라. 여기서는 대강만 말해 주겠다.

살인을 저지르면 불지옥으로 가고 사기죄를 저지르면 얼음 지옥으로 가게 된단다. 지옥을 찾아가는 것도 죄를 지은 자가 죽고 난 후에 스스로 죄업에 따라 자기도 모르게 가게 되고, 그곳에 머무르는 시간도 죄업에 따라 자기의 죄업이 다 씻겨나가 없어질 때까지 있어야 된다."

손주: "고통을 받아야만 죄가 없어지나요. 왜 그렇게 되는지 궁금합니다."

지장보살: "비유해서 설명하지. 우리의 본성을 순수한 물이라고 가정하여 생각하면, 죄업은 물을 더럽히는 것들이라고 할 수 있다. 즉 흙을 던져 넣으면 흙탕물이 되고 설탕을 넣으면 설탕물이 되고 똥을 싸면 똥물이 되는 거나 같은 이치다. 불순물을 제거하고 깨끗한 물을 만들려면 정제해야 하는데, 걸러서 되는 방법도 있고 증발해야 하는 것도 있고 얼려서 제거하는 방법도 있는 거와 마찬가지로, 죄업을 없애고 순수한 본성을 찾기 위해서 불지옥에서 태워야 하고 얼음 지옥에서 얼려서 제거해야 하기 때문이란다. 그러니까 죄업에 따라서, 즉 얼마나 많은 사람을 죽였는가, 얼마나 많은 사기죄를 저질러서 남의 가슴에 못을 많이 박았는가에 따라 지옥의 불의 강도도 얼음

온도도 다르고 머무는 시간도 다르단다."

손주: "그러면 당연히 받아야 할 벌을 받고 있는데 왜 보살님께서는 그 나쁜 중생을 제도한다고 애쓰고 계십니까?"

지장보살: "중생을 제도하는 것은 보살의 임무이고 나쁜 중생도 중생이니까 제도해야 한다. 중생은 미욱한데 더구나 나쁜 일을 저지르는 중생일수록 미혹에 빠지기 쉬워 죄를 저지르게 되니, 빨리 어리석음을 깨우쳐 주어 더 이상 나쁜 일을 저지르지 않도록 제도해야 한다. 모르고 짓는 죄가 알고 짓는 죄보다 더 크다는 말씀이 있다. 모르기 때문에 죄인 줄 모르고 자꾸만 저지르게 된다는 말이다. 부처님을 죽이겠다고 부처님에게 대든 앙굴리말라도 잘못된 믿음을 가지고 사람 죽이는 일이 죄가 되는지 안 되는지 구별을 못 하는 무지에서 온 것이야. 요새는 모르는 게 있으면 인터넷 검색을 하면 다 나오는 좋은 세상이니 앙굴리말라에 대해서 궁금하면 검색을 해 보면 자세하게 알 수 있을 것이야. 그러므로 지옥 중생이라도 무지를 깨우쳐 주고 참회하는 방법을 알려주어 하루라도 빨리 지옥의 고통에서 벗어나서 더 좋은 곳에 환생하도록 제도해 주어야 하는 게 나의 임무다."

환생과 윤회

손주: "더 좋은 곳으로 환생하게 해주신다고 하셨는데, 환생에 관해서 설명해 주실 수 있습니까?"

지장보살: "중생이 수명을 다하면 살아생전 지었던 업에 따라서 윤회하게 되는데, 여섯 가지 길, 즉 육도 윤회를 하게 된단다. 제일 아래 세계가 지옥, 그다음이 아귀, 축생, 인간, 아수라, 천상 순이란다. 제일 악질적인 잘못을 저지른 중생은 아까 언급한 지옥 세계로 가고, 아귀는 욕심이 많아서 먹어도 또 먹고 싶어 하는 욕심 때문에 죄업을 짓는 중생들이 가는 곳이고, 축생은 본능에만 의지하여 살아가기 때문에 그로 인해 저지르는 죄업을 쌓은 중생들이 가는 곳이고, 인간 세상은 작은 죄업과 작은 선업을 거의 비슷하게 골고루 지은 중생들이 태어나는 곳이고, 아수라 세상은 싸움을 좋아하는 중생들이 태어나는 곳이고, 천상 세계는 많고도 큰 선업을 쌓은 중생들이 태어나는 곳이란다.

어느 세계에 태어나도 전생의 업이 다 하는 날 그 세계에서 지은 업을 가지고 또 다음 세계로 가는 것이 윤회란다. 그러므로 이러한 가르침을 알게 된 인간들은 살아가면서 선업을 많이 지어 언제나 좋은 곳으로 환생하도록 노력해야 한다. 전생에 지은 업이 얼마나 엄중한지는 인간의 삶을 들여다보면 알게 된다. 좋은 곳에 태어나 행복하게 살아가다가 어느 날부터 비참하게 되는 사람들이 있는가 하면, 어렵고 힘들게 살아가다가 운이 좋기 시작하여 행복하게 살아가는 사람들도 있는 걸 우리 주위에서 어렵지 않게 본다. 환생과 윤회에 대해서 개략적인 이야기만 했는데 이 역시 더 많이 알고 싶으면 공부를 더 하기 바란다."

손주: "선업을 짓는 게 참으로 중요하군요. 선업이란 무엇이며 어떻게 해야 선업을 많이 지을 수 있나요?"

지장보살: "업이란 행위를 말하는 것이므로, 선업이란 선한 일을 행하는 것을 말하는 것이고, 반대로 악한 일을 하면 악업을 짓는 것을 말한다. 사람의 행위 중에는 선도 악도 아닌 것도 많이 있지만, 그것이 때로는 선한 일이 될 때도 생기고 때로는 악한 일로 둔갑할 때도 있으니 무심코 하는 일도 결과를 예측

할 수 없으므로, 항상 자기 행위에 대하여 조심하고 조심하며, 행위를 하기 전에 한 번 더 생각하는 버릇을 길러야 한다. 선업이든 악업이든 나 아닌 대상이 있어야 성립하므로 결국 남에게 영향을 주는 행위가 된다. 그러므로 항상 역지사지란 사자성어 말대로 상대의 입장에서 생각해서, 즉 상대에 대한 최대한의 배려심을 가지고 행동해야 한다. 상대를 이롭게 하는 것이 선업을 짓는 것이고 해롭게 하는 것이 악업을 짓는 것이 된다."

손주: "선업이든 악업이든 서로 주고받는 지금, 이 순간에 서로 영향을 끼치고 말지 왜 후생까지 영향을 미쳐서 육도 윤회에 오르게 되는지 알고 싶어요."

지장보살: "모든 존재는 공이 되지 않는 한 끝없이 윤회하게 되는 게 존재, 즉 법의 본질이고 이것의 성품이 법성이다. 앞에서 할아버지가 설명한 법성게에서 자세히 설명해 주었더구나. 석가모니 부처님도 오랜 전생 중에서 돼지로 윤회하신 적도 있다고 한다. 신통 제일의 목건련 존자도 전생에 어머니에게 욕설을 퍼부은 죄로 600생을 짐승으로 윤회했다고 한다. 생전에 지은 업이 그대로 다 나타나는 것이 아니고, 선업을 쌓으면 악

업을 어느 정도 지우기도 하고, 악업을 쌓더라도 선업을 많이 짓거나 참회하고 용서를 받으면 많이 소멸할 수도 있단다. 최종적으로 어떠한 것이 더 많이 영향을 미쳐서 육도의 어느 길로 가게 될지는 본인의 수행에 달렸다고 볼 수 있다.

업이 행위라고 했지. 행위는 에너지이고 에너지는 작용하고 영향을 미치게 되지. 이 작용이 어떻게 육도 윤회에 영향을 미치는지 비유해서 설명하지. 네가 새로 구입한 휴대폰이 성능이 아무리 좋아도 네 것이 되려면 너의 고유한 유심칩을 꽂아야만 되는 것처럼, 윤회하는 우리 영혼의 유심칩, 즉 이것을 불교에서는 아뢰야식이라고 하는데, 이 식에 너의 모든 행위가 다 기록이 되고 우리가 육신이 없어질 때에 아뢰야식이 발동이 되어 아뢰야식이 좋아하는 곳을 찾아가는 게 윤회하는 방식이라고 할 수 있다. 그래서 사후에 자기의 아뢰야식에 가장 큰 영향을 미친 업대로 찾아가게 되니 그곳이 지옥일 수도 있고 천상 세계일 수도 있단다. 일생동안 짓는 모든 업 즉 행위가 다 우리의 아뢰야식에 저장되므로 항상 팔정도를 실행하는 삶을 살아가도록 해야 한다.

팔정도의 가르침대로 살면 멋진 인생이 되어 나에게도 남에게도 떳떳한 삶을 살게 되고, 육바라밀을 수행하면 더욱더 내 마음의 아뢰야식에 좋은 업이 쌓여 좋은 곳으로 윤회하게 되는 것이 보장된단다."

손주: "보살님의 말씀을 가슴에 새겨 설법하신 대로 살도록 노력하겠습니다. 저를 어여삐 여기셔서 더욱 제대로 된 마음가짐을 가지도록 당부의 말씀을 해주시면 감사하겠습니다."

지장보살: "대견하구나. 마지막으로 네게 부처님의 인연법을 항상 염두에 두고 살아가라고 당부하마. 앞에서 네 할아버지가 많이 설명하셔서 대강의 뜻은 알고 있겠지만, 한 번 더 내가 상기시켜 보도록 하마. 너는 아직 학생이니까 공부를 한창 열심히 해야 할 시기이니 공부를 잘하는 방법을 가르쳐 주마.

공부를 잘 한다는 말은 배우는 것을 잘 이해하고 좋은 성적을 얻는 것을 말하는데, 결과적으로 남에게 인정을 받아야만 되는 것이다. 불교에서도 큰 스님들이 제자들의 공부가 얼마나 잘 되고 있는지 점검한단다. 스님들의 수행 공부나 너희들의 학교 공부나 방법과 노력과 결과는 다 같은 것이다. 올바른 방법을 배우고 열심히 노력하면 결과는 저절로 좋게 나오는 것이 인과의 법칙 즉 인연법이지. 이 우주에 저절로, 거저 이루어지는 것은 하나도 없단다. 반드시 어떤 한 원인이 또 다른 원인을 만나 결과가 생겨나는 것이 우주의 법칙, 즉 인연법(인과법이라고도 함)이란다. 그러므로 노력 없는 성공이란 있을 수 없고, 한 번 노력으로 다 이루어지는 것은 드물고, 이루어질 때까지 계속해서 노력해야 하는 것이 모든 성공의 첩경이야.

브라우닝이란 시인이 말했지. '위인이 도달한 고봉은 일약 지상으로부터 뛰어 올라간 것이 아니다. 남이 잠자는 사이에 한 걸음 한 걸음 애써 기어 올라간 것이다. 노력과 인내가 안내자이다' 속담에도 이런 말이 있지. '천 리 길도 한 걸음부터' '티끌 모아 태산' 그런데 요즈음 젊은이 중에는 비아냥거리며 '너나 그렇게 해라' '그래서 언제 천 리를 가고 태산을 만드느냐'고 한다는데, 그러면서 투기성 투자에 뛰어들어 손해를 많이 보는 사람도 더러 있다고 하더구나.

노력 없이 얻으려고 하는 것은 인연법을 모르는 것이고, 인연법을 모르는 것을 무명이라고 한다. 무명에서 출발하여 십이연기를 유발하여 한 평생 고생하고 헤매다가 죽음을 맞이하게 되는 게 인연법을 모르는 무명한 인간이 살아가는 숙명이다. 네 할아버지 때 새마을 운동이 일어나 오늘처럼 잘사는 세상을 열어갈 때의 격려문이 '하면 된다'인데 요즈음의 젊은이 중에는 이마저도 패러디하여 '되면 한다'라고 한다니 참으로 어이없구나. 또 요즈음의 젊은 신입 사원 중에는 상사가 일을 지시하면 '내가요?' "왜요?' '지금요?' 한다는데, 정말 자기의 위치와 분수를 너무 모르고 살아가는 것 같아 안타깝구나.

공부 잘하는 걸 설명하다가 약간 빗나간 것 같구나. 앞으로 AI 인공지능이 점점 발달하면 사람들이 더 게으르고 인공지능에 더 의존하게 되면 인간의 지능이 어떻게 퇴화할지 걱정이구나. 공부하는 것은 언제나 삶의 일부이고 인연법의 결과로 나타나는 것이야. 학교 공부만 공부가 아니고 모든 삶의 행위가 다 공부가 되는 것이야. 무엇이든 배우지 않으면 어떠한 창의력도 생기지 않는 거야. 배운다고 다 창의력이 생기는 건 아니겠지만, 배우지 않으면 창의력이 안 생기는 건 필연이지. 인공지능도 많은 자료를 입력해야만 성능이 향상되는 것처럼, 사람도 많이 배워야 창의력도 생기고 판단력도 뛰어나게 되는 거야. 사회생활에서 가장 필수적이고, 남보다 앞서가는 사람, 지도자가 되기 위해서는 창의력과 판단력이 있어야 하지.

좋은 방법 능률적인 방법을 찾아 열심히 노력하고, 힘들 때 참아내는 인내력을 가지고 열심히 공부하면, 그 결과로 잘 이루어지는 게 인연법 인과법이니, 부처님 법을 믿고 쉬지 않고 노력하면서 나아가는 게 성공적인 삶을 살아가는 것이다. 때로 힘들 때가 생기면 염불(부처님을 마음속으로 생각함)을 하면 다시 힘이 생길 거야.

손주야. 이제 내가 해 줄 말은 다 한 것 같다. 이제 나의 자리로 가련다. 열심히 공부해라."

손주와 할아버지: "감사합니다. 지장보살님, 안녕히 가십시오."

지장보살 님이 손을 흔들어 주시며 멀리멀리 사라지고, 사라진 자리에 서광이 비치다 사라졌다.

할아버지와 손주 동자

두 분 보살님에게서 설명을 듣고 난 후 할아버지와 손주 동자는 한동안 환희에 젖어 넋을 잃고 앉아 있었다. 얼마간 시간이 흐른 후 드디어 할아버지와 손주 동자가 대화를 시작하였다.

재미있는 일이란

할아버지: 손주야, 불교 이야기는 잠깐 접어두고 네 생각이나 한번 들어 보자꾸나. 나도 너만한 시절을 겪어보았기 때문에 지금 많은 생각을 하고 있을 것이야. 생각의 내용이 대강은 비슷하겠지만 그래도 사람의 생각은 시대와 환경에 따라 변하므로 지금 세대의 네 생각이 어떠한지 궁금하구나.

손주: 재미있는 게 하나도 없는 것 같고, 하고 싶은 것도 별로 없는 것 같고, 그냥 별생각이 없이 지내요.

할아버지: 이 무슨 황당한 소리냐? 네 나이 때는 막연하나마 꿈도 많고, 생각도 많고 친구들과 재미있게 노는 즐거움이 얼마나 많은데 그런 말을 하느냐? 너만 그러하냐 아니면 네 또래들 모두가 다 그렇게 생각하느냐?

손자: 모두가 다 비슷하게 생각해요.

이 무슨 황당한 현상인가. 왜 이런 현상이 생겨났을까 생각해 보자. 아이들이 자유롭게 놀고 생각할 겨를이 없는 게 제일 큰 이유가 될 것 같다. 휴대폰에 얽매여 있고 과외 공부에 매달려서 친구들이랑 놀거나 대화하는 시간이 없어서 그런 것 같다. 청소년들이 우울증을 앓고 의욕을 잃어 맥없이 살아가는 현상이 점점 세계적으로 심각한 현상이 되어가고 있다고 한다. 선진국에서는 휴대폰 사용금지와 시기를 지금 심각하게 생각하고 법제화를 시도하고 있다. 우리나라도 한시 빨리 대응책을 마련하지 않으면 장차 청소년들의 인성에 큰 문제가 생길지도 모른다.

할아버지: 지금부터 하나하나 깊이 생각하고 따져보기로 하자.

우선 재미있는 게 없다고 하는데, 휴대폰에서 하는 게임 놀이는 재미가 있으니까 하는 게 아닌가?

손자: 그건 재미는 있지만 습관적으로 하고 아무 때나 할 수 있어 재미있는지 못 느끼고 그냥 해요.

할아버지: 할아버지도 초등학교 시절에 밀림의 왕자라는 만화가 너무나 재미있어 만화책만 산더미처럼 있다면 평생 만화만 읽고 살면 얼마나 좋을까 하는 황당한 생각을 한 적이 있었어. 만약에 소망대로 만화만 읽고 살았다면 나는 뭐가 되었을까 생각만 해도 끔찍하다만, 삶의 시간도 매일 바뀌고 생각도 나날이 달라지니 그러한 일이야 생길 수도 없지만, 삶에 도움이 별 되지도 않고 지능 발달에도 도움이 되지 않는 일에 몰두하면 폐인이 되기 쉽다. 휴대폰에 중독되는 것은 만화에 중독되는 것보다 훨씬 심각하다고 본다. 우선 눈 건강에 심각한 피

해를 주어 근시가 되고 백내장이나 황반변성을 초래할 가능성이 매우 크고, 정신적으로도 환상과 몽상 속에 빠지기 쉬워 현실인지 꿈인지 모르는 현상이 생기게 된다.

요즈음 청소년 중에 이상한 범죄를 저지르는 현상이 자주 발생하는 것이 휴대폰 장시간 시청과 무관하지 않다고 본다. 사람의 정신이나 마음은 환경과 입력된 지식에 영향을 받고 생기는 거다. 여기에 대해서 할아버지가 쓴 책 - 찾았다 꾀꼬리-에 좀 언급해 놓은 게 있으니 시간 날 때 한번 읽어 보면 도움이 될 거다.

재미란 무엇일까? 재미를 느끼는 것은 마음이 있기 때문이고 재미를 느끼려면 이 마음이 목표를 정하고 그 일에 몰두하고 성과를 확인할 때 생기는 것이다. 게임에 몰두하더라도 목표가 있고 성과를 확인하면 재미가 생기겠지. 단순히 그 게임을 즐기기만 하면 진정한 재미를 못 느끼겠지. 게임을 창작하는 사람은 진정한 재미를 느끼고 있겠지. 살아가면서 무엇이든지 재미를 느끼려면 무슨 일을 하건 목표 의식이 뚜렷하고, 목표를 정하고 목표를 이루려고 노력하고 몰두하면 재미는 저절로 생기고, 더구나 목표가 이루어졌을 때는 정말 진정한 재미를 느끼게 되고 보람을 느껴서 행복한 마음마저 생기게 되는 거다.

지금 너의 마음을 살펴보니 현재의 생활에 습관적으로 얽매여 살아가고 있어. 꽉 짜여 있는 시간, 학교생활과 과외 공부, 그나마 시간 나면 스트레스 풀답시고 휴대폰을 보며 게임이나 하고, 이와 같이 시간에 얽매인 생활이 매일 반복되니 자신을 돌아보며 좀 더 자신을 깊이 있게 생각할 줄을 모르고 삶의 진정한 재미를 잊어버리고 살아가는 것 같다. 그러니 재미있는 게 없고 하고 싶은 게 없고 그냥 별생각 없이 살아간다고 하는 거지.

우선 시간을 만들기 위해서는 과외 시간을 줄이도록 검토해 보아라. 남들이 다 하니까 나만 빠지면 괜히 불안하다는 포모 현상으로 덩달아 하는 것은 아닌지, 정말 공부에 도움이 돼서

하는 것인지, 과목마다 엄밀히 검토해서 혼자서 공부해도 충분히 할 것 같으면 혼자서 노력하는 것이 시간도 절약되고 실력도 확실히 증강되는 것이야.

할아버지도 고등학교 시절에 학원에 가면 영어와 수학을 더 잘할 수 있을까 생각해서 수강해 보았는데 한 달만 다니고 그만두고 말았다. 학교 선생님 말씀을 귀담아듣는 게 더 낫다는 판단이 섰기 때문이야. 강의 내용도 비슷하고 참고서나 문제집이나 다 같은 것이니까 차라리 혼자서 하는 게 더 능률적이라는 생각이 들어서 혼자서 공부하기로 했단다. 나중에 결과적으로 보니 혼자서 공부하던 친구들이 더 많이 더 좋은 학교로 진학했다. 혼자서 끙끙대며 열심히 하는 게 왜 좋은가 하면 자기 능력과 노력으로 해내기 때문에 성취감이 더 크고, 나중에 무슨 일을 맡아서 하건, 창의력이 더 많이 발휘되기 때문에 남다른 성과를 낼 수 있는 거야.

세상을 바꾸어온 천재들은 학교 공부를 잘해서 그렇게 된 게 아니고 남다른 생각과 관점으로 바라보았기 때문이야. 우리가 잘 아는 아인슈타인이나 에디슨 같은 위인은 학교 공부에서는 우수한 성적을 내지 못했지만, 나름의 독창적이고 자유로운 생각을 했기 때문이야. 앞으로 아무리 인공지능이 발달해도 창의력만큼은 인간이 더 앞설 수 있다고 생각해. 지금도 인공지능이 작곡하고 그림을 그리고 온갖 능력을 발휘하는 것 같지만, 입력된 정보를 종합하여 만들어 내는 창작에 불과해. 앞으로 인공지능도 추론하게 된다고 하지만, 독창적인 새로운 발상은 자유로운 영혼을 가진 인간만이 할 수 있는 것이라고 나는 생각한다. 지금이라도 발상을 전환해서 시간을 만들어 혼자서 공부하는 시간을 더 많이 가져 보도록 노력하고 그래서 성취감을 얻으면 재미는 저절로 생기는 거야. 게임이나 단순한 놀이에서 얻는 재미는 순간적인 쾌락에 지나지 않지만, 성취감으로 오는 즐거움이 진정한 재미라는 걸 느끼게 될 거야. 이와 같은 성취감을 자주 체험하면 하고 싶은 게 저절로 생각나게 될 거야. 그러면 너의 생각과 생활 태도가 점점 의욕적이고 적극적으로 될 것이며 즐겁고 행복함을 느끼게 될 거야.

이 세상 무슨 일이든 악순환은 악순환을 부르고 호순환은 호순환을 부르는 게 다 내 마음 작용 탓이야. 긍정적인 마음은 호순환을 부르고 부정적인 생각은 악순환을 초래하게 되는 게 사람들이 가지고 있는 마음의 이치야. 지금 네가 말한 재미있는 게 없고 하고 싶은 게 없다는 데 대한 할아버지의 할이 옳다고 생각하면 한번 실행해 보기 바란다. 뭐 또 묻고 싶은 게 없느냐? 있으면 말해 보아라.

마음이란

손주: 마음이라는 게 어떤 건지 말씀해 주세요. 왜 재미있는 마음이 들기도 하고 재미없는 마음이 생기기도 하는지 궁금해요.

할아버지: 참 어려운 질문이다. 지금 질문하는 네 마음이 바로 지금의 마음이지. 마음을 찾아서 지금도 불교의 수행자들은 피나는 노력을 하고 있지. 진정한 내 마음은 무엇이며 어디

서 오는가 하면서 말이야. 보통 사람들의 일반적인 마음은 생각에서 오고, 이 생각의 바탕은 생물학적으로는 뇌세포에서 발생하고, 발생하는 요인은 교육과 환경적인 영향을 받아서 생기는 현상이라고 볼 수 있지. 인공지능이라는 것도 반도체가 뇌세포 노릇을 하고 자료를 입력하는 게 교육이라고 볼 수 있지.

사람은 환경적인 것에도 많은 영향을 받지만, 인공지능은 환경 영향을 받지 않는 것이 사람과는 다르지. 그런 면에서는 인공지능이 사람한테 뒤처지는 부분이라고 하겠지. 사람의 생각은 즉 마음은 사람마다 자라온 환경과 교육이 다 다르므로, 사람마다 다 다르므로 좋아하는 것 싫어하는 것, 재미있고 없고가 다른 것이야. 엄밀하게 따지면 그렇지만, 때로는 군중심리 부화뇌동 팬덤 현상으로 모두가 다 좋아하는 것처럼, 모두가 다 싫어하는 것처럼 보일 때도 있지만, 누구나 자기만의 세계를 구축하며 살아가고 있지. 생각과 마음은 교육과 환경에 의해서 생기고 결정지어지는 것이니까 어떻게 해야 하는지 알겠지. 그러니까 항상 좋은 지식과 지혜를 받아들이고 좋은 친구를 사귀어 내 생각의 틀을 잘 만들어 놓으면 항상 좋은 생각

긍정적인 마음이 생길 거야.

사람이 뭘 좋아하고 재미있어하고 어떻게 말하고 행동하는지 관찰하면서 우리는 상대를 파악하고 유유상종하면서 살아가고 있다. 그 사람의 친구를 보면 그 사람을 알 수 있다는 말이다. 또 알고 싶은 것은?

손주: 뭔가 하고 싶은 게 없고 별생각 없이 그냥저냥 지내고 있는 저를 정신이 번쩍나게 할을 해주세요.

할아버지: 많은 사람이 네 생각처럼 그렇게 살아가고 있다고 본다. 그러한 마음이 생기는 이유를 살펴보자. 첫째는 목표 의식이 없고 둘째는 습관적으로 살아가기 때문이다. 한마디로 의욕이 없는 것이다. 목표를 정하고 달성하겠다는 의지가 생기면 의욕이 일어나고 방법을 찾고 노력을 집중하면 마음도 달라지고 생활 습관도 변하기 시작할 거고, 그때부터 인생이 달라지기 시작하고 새로운 내가 되어가는 거다. 중요한 것은 일단 목표를 정하고 시작하고 보는 것이다. 하다 보면 재미를 느끼고 의욕도 생기고 더 나은 방법을 모색하게 될 거고, 점점 목표에

몰입하다 보면 더 열심히 하게 되는 호순환의 경지에 도달하여 적극적인 삶을 살아가게 된다. 손주야 지금부터 네 생활이 재미있고 활력이 넘치는 삶이 되도록 목표를 설정하고 열심히 노력해 보기 바란다.

생활에서 부처님의 가르침

이제부터는 부처님의 가르침을 우리들의 실제 생활과 연계해서 설명해 주고자 한다. 우리들의 삶을 부처님 말씀으로 재조명해 보여줄테니 네 마음과 생활과 삶에 응용해 보기 바란다.

부처님이 '왜' '무슨 가르침'을 주신 것인지 살펴보자. '왜'는 중생들, 특히 사람들이 삶을 힘들어하고 괴로워하는 걸 아시고 그 고통에서 벗어나는 방법을 가르쳐 주려는 것이다. '무슨 가르침', 즉 어떤 해결책을 주셨는지 알아보자.

인연법

맨 먼저 인연법을 말씀하셨다. 왜 어떻게 인간이 태어났는가를 가르쳐 주신 것이다. 인간은 우주 삼라만상의 일부이고 우주의 모든 것들은 상호 인연에 따라 생겨난 것이라고 말씀하시면서, 이 법은 '내가 만든 것도 아니고 다른 누가 만든 것도 아니다 본래부터 있어 왔던 것을 내가 보았을 뿐이다'라고 하셨다.

인연이란 인과 연이 상호작용하는 관계적 현상이고 끝없이 변화해 나가는 우주의 기본 법칙이다. 그래서 제행무상(諸行無常)이고 제법무아(諸法無我)라고 하셨고 일체개고(一切皆苦)와 열반적정(涅槃寂靜)을 말씀하셨다. 인연법을 말씀하신 후에 사성제를 설하시고 고통에서 벗어나는 방법으로 팔정도와 육바라밀을 설하셨다. 부처님은 많은 설법을 하셨는데, 만나는 사람 질문하는 사람의 이해에 맞게 설명하셨기 때문에 팔만 사천 법어라고 하지만, 대의는 거의 비슷하다고 할 수 있다. 보통 사람들이 알고 지켜야 하고 수행할 것은 위에서 열거한 인연법 사성제 팔정도 육바라밀만 확실하게 깨닫고 실천해 나가면 고통이나 걱정 없이 행복한 마음으로 살아갈 수 있을 것이다. 이제 한 항목씩을 실제 생활에 적용하고 연관되게 설명해 보고자 한다.

지금까지 읽어오면서 인연법이 어떤 것인지 이해를 했겠지만, 좀 더 알기 쉽게 설명해 주마. 이 우주가 빅뱅으로 생겨난 것은 현대물리학으로 거의 다 밝혀졌지만, 빅뱅 이전의 상태는 어떠한 것인지, 빅뱅 순간은 어떠한 것인지는 아직도 모른다. 우리는 빅뱅 이후에 일어난 에너지와 물질이 생성되고 난 후에 벌어지는 우주의 현상만 관찰할 수 있고 과학적 지식을 동원하여 추론하고 증명하고 설명하고 있을 뿐이다. 아인슈타인 박사 덕분에 에너지와 물질이 다르지 않다고 하지만 상호 작용으로 끊임없이 변화해 나가고 있는 게 우주의 실상이다. 이와 같은 물리적 현상을 부처님께서 깨달으시고 인연법을 설하신 것이다.

인연법을 인과법이라고도 하는데 인연이 만나서 반드시 결과가 생기며 그 결과물은 다시 인이 되고 연이 되어서 한없이 변화해 나가는 게 우주의 본성이란다. 이 법성은 누가 만든 것도 아니고 없어지는 것도 아니다. 그래서 제행무상이라 하고 제법무아라고 한다. 제행무상은 '모든 일어나는 것은 항상 변한다'라는 뜻이지 없어진다는 말은 아니다. 잘못 이해하는 사람은 마치 없어지는 것처럼 생각해서 허무함을 느낀다고 한다만 틀린 생각이다. 오히려 변화한다는 것은 끊임없이 새로운 게 된다는 의미이니 희망적인 말이라고 생각해야 한다. 제법무아도 '모든 법이 변화해 나가니 이것이 고정된 어떠한 법(실상)이라고 할 수 없다'라고 하는 것이지 없다는 뜻이 아니다. 우리가 인지하는 시간 차가 있어서 영원히 있는 것처럼 보이기도 하고 금방 사라지는 것처럼 보이는 것이지, 우주의 시간으로 보면 항상 변하는 어느 한순간일 뿐이란다.

인연이 어떠한 것인지 과학적으로 한번 살펴보자. 우주에서 제일 많고, 우리가 매일 먹는 물을 만들어 주는 수소를 예로 들어서 설명해 보마. 빅뱅이 되면서 에너지가 폭발하면서 소립자가 생기고, 소립자끼리 인연을 지어 제일 간단한 수소 원자가 만들어지고, 수소 원자들이 모여서 덩어리가 커지면서 중력이 생기고, 그래서 더 많은 수소 원자가 집단을 이루어 별이 되고 별은 폭발하면서 더 큰 원자를 만들어 낸다. 모이고 폭발하는 것도 다 인연법 따라 일어나는 현상이다. 더 큰 원자들이 모여서 더 큰 별들이 되고 더 큰 폭발이 일어나면서 산소를 비롯하여 백여 가지 원소들이 만들어지고 이것들이 인연 따라 이합집산을 거듭하여 현재의 우주가 만들어졌고 수소는 산소를 만나 물을 만들고 물은 온갖 유기물의 온상이 되어 생명을 잉태하고 그래서 온갖 생명들이 태어나고 우리 인간들도 태어난 것이다. 한 마디로 우주의 인연 따라 우리가 태어난 거다.

우주적인 인연을 대강 설명했는데 아주 간단한 예를 든다면, 수소가 산소와 만나면 물이 되지만, 염소와 만나면 염산이 되고 불소와 만나면 불산이 되는 것은 배웠겠지. 이처럼 간단한 화학반응에서부터 복잡한 우리 몸의 모든 생리현상도 다 인연 따라 이루어지고 그에 따라 우리들이 생명현상을 유지하면서 살아가고 있다.

한번 살펴볼까. 배고프면 밥을 먹는다. 배고픈 마음은 어디에서 생길까? 위장이 비면 밥 달라고 뇌에 신호를 보내고, 뇌는 밥 먹을 마음을 일으키고, 밥을 먹으면 온갖 소화효소와 체내

미생물이 소화를 시켜서 에너지를 만들어 주어 우리들이 활기 있게 살아가게 해 준다. 밥은 그냥 생긴 게 아니다. 농민이 농사를 지어야만 하고, 식물이 자라려면 햇빛과 물과 영양소가 있어야 하고, 온갖 인연들이 참여하여 밥이 된다. 내 몸속의 소화효소는 내 몸이 온갖 인연(생체 화학반응)에 따라 만들어 낸 것이지만, 내장 속의 미생물은 외부에서 온 것이다. 이것들이 저들이 먹고 살기 위해서 음식물을 분해하겠지만, 결과적으로 우리에게 에너지를 주며 공생하고 있지만, 이 역시 묘한 인연이 아닐 수 없다. 우리 몸이 살아가는 현상을 보니 인연 아닌 게 없듯이 이 세상 모든 생명체와 사회현상들도 다 인연으로 얽혀져 있고 쉼 없이 끝없이 인연을 주고받으며 변화해 가고 있다. 그러므로 더 나은 삶을 원하면 새로운 목표를 설정해야 하고, 달성하기 위해서는 새로운 수단과 방법 즉 인연을 바꾸어야만 이룩할 수 있다.

부처님은 우주의 기본 법칙인 인연법을 알려주시고 인간으로의 삶의 문제를 해결해 주시기 위해 사성제를 말씀하셨다. 자 그러면 사성제를 한번 살펴보자.

사성제

사성제란 네 가지의 성스러운 가르침이란 뜻이다. 고집멸도라 하기도 하고 성스러운 가르침이란 뜻으로 고성제, 집성제, 멸성제, 도성제라고 표현한다. 이 가르침은 왜 주셨냐 하면 부처님이 모든 생명체를 보니 모두가 다 삶을 괴로워하면서 살아가고 있으니까 그 고통에서 해방해 주어야겠다고 생각하시고 해법을 내놓으신 것이다. 고성제란 삶이란 본디 괴로운 것이라는 뜻이고, 집성제란 그러면 왜 고민이 생기고 괴로움이 생기는 것인지 원인을 파악해서 알려주신 것이고, 멸성제란 그러면 어떻게 하면 괴로움을 없앨 수 있는지 그 방법을 알려주신 것이고, 도성제란 마침내 괴로움에서 벗어나 열반에 이르는 길을 말씀해 주신 것이다.

순서대로 고성제부터 고찰해 보자. 괴로움이란 느끼는 사람의 주관적인 마음이기도 하고, 어떠한 사물이나 사건이 발생한 결과이기도 하고 현상이기도 하다. 부처님은 인생에 대해서 말씀하셨으니까 여기에 대해서 경전에 있는 대로 해석해 주고, 일반적인 삶에 대해서 적용하는 것은 잠시 후에 설명해 주마. 부처님께서 사람들의 괴로움을 들으시고, 인생이란 본래 괴로운 것이라고 인정하시며 위로해 주신 말씀이 고성제이고, 그러면 괴로움이 생기는 그 원인을 띠져보시며 하나하나 설명해 주시며 찾아가는 과정이 십이연기이고 최종적으로 무명에서 괴로움이 시작되었다고 알려주신 말씀이다. 즉 괴로움의 원인 파악이 집성제이다. 십이연기란 괴로움의 원인 파악을 해 나가는 열두 단계의 과정을 말하는데, 이에 대해서 자세하게 알고 싶으면 인터넷에서 살펴보기를 바란다. 멸성제란 무명을 타파하여야만 괴로움을 없앨 수 있는데 그 방법이 팔정도와 육바라밀을 실행하는 거라고 말씀하신 것이다. 괴로움의 타파 방법이 멸성제다. 팔정도와 육바라밀은 앞에서 설명해 놓았으니 필요하면 다시 살펴보아라.

도성제란 육바라밀을 수행해서 마침내 괴로움에서 벗어나 열반 적정을 이룬다고 말씀하신 것이다. 부처님의 말씀은 그야말로 과학적이고 논리적이다. 현상이나 결과를 놓고 원인을 파악하고 원인을 제거하거나 해결해서 새로운 결과를 도출해 내는 방법이 얼마나 놀라운 가르침이냐. 그래서 어떤 사람들은 불교는 종교가 아니고 과학이라고, 탄복인지 비아냥인지 말하고 있다. 세상의 모든 학문(자연과학이든 사회과학이든 인문과학이든)은 다 원인 분석과 방법을 연구하고 결과를 도출해 내는 과정, 즉 인과법으로 이루어져 있지 않은가. 그래서 불교는 과학이라고 탄복하는 거겠지. 세상의 어떤 종교도 이렇게 분석적 방법으로 설득하는 게 없다.

부처님은 사람의 고통이 어디에서 왔는지 살펴보니 생로병사에서 왔고, 생로병사의 원인을 파악해 보니 무명 때문에 생기고, 이 무명을 타파하는 방법으로 팔정도와 육바라밀을 말씀하셨고, 무명이 타파되니 열반에 도달하여 괴로움이 없어진다고 가르쳐 주신 것이다.

쉬운 비유로 말하자. 어느 환자가 고통을 못 이겨 의사를 찾아갔다. 의사가 진단해 보니 간암이고, 원인을 파악하니 술을 많이 마셨고 간에 부담되는 약도 자주 먹었기 때문이라고 하며, 수술하여 암 덩어리를 제거해 줄 테니 앞으로는 절대로 술을 먹지 말라고 하고, 몸에 좋다는 막연한 생각으로 먹는 약도 많이 먹으면 독이 되니 될수록 먹지 말라고 한다. 의사가 시킨 대로 수술도 하고 술과 약을 끊고 섭생을 잘하여 건강을 되찾아 고통에서 벗어나 평안한 삶을 누리게 된다. 이 비유에서 환자는 중생이고 의사는 부처님이다.

부처님의 사성제 가르침은 우리의 삶 어디에도 적용할 수 있는 과학적 방법이다. 공부를 못 해서 괴롭다. 어떻게 하면 공부를 잘할 수 있을까. 선생님께 여쭈어보면 네가 공부를 못 하는 이유를 분석하고 잘할 방법을 알려줄 것이다. 실천하는 것은 네 몫이다. 팔정도를 실천하고 육바라밀을 수행하는 것은 순전히 본인이 행해야 할 몫인 것처럼. 스승님이 가르쳐 주신 대로 실천하면 그 결과는 공부를 잘하게 되어 고민이 사라지는 것이다. 우리 주위에 일어나는 모든 고통을 다 사성제법으로 생각하고 해결할 수 있다고 본다.

할아버지의 경험담을 하나 이야기해 주마. 할아버지가 군에 입대하여 겪은 경험담이니 실화이다. 전방 부대에 배치를 받아 졸병으로 근무를 시작한 그해 여름, 비상 훈련을 하는데, 우리

부대가 지켜야 할 고지가 900미터가 넘는 험한 산이고 이른 시간에 투입이 되어야 한다고 한다. 수통에 물을 담고 완전 군장을 한 후에 걸어서 올라가는데 땀이 비 오듯 쏟아진다. 아껴 먹던 물도 바닥이 나고 기진맥진해서 고지에 도달해서는 모두가 퍼져서 일어나지 못하고 쩔쩔매고 있을 때, 고참병이 된장 한 덩어리씩 먹게 하고 물도 주어 한참 만에 정신을 차릴 수 있었다. 자, 여기서도 사성제 법으로 생각해 보자. 기진맥진한 고통의 원인은 땀을 많이 흘렸기 때문이고, 땀은 물과 소금으로 이루어져 있으니, 우리 몸에 물과 소금이 부족해서 일어나는 고통이다. 우리 몸의 세포는 물이 많이 있어야 하고, 소금의 농도가 적당히 있어야 삼투작용이 일어나고 삼투작용이 일어나야 물도 영양분도 이동해서 활력이 생기는 게 우리 몸의 생리현상이기 때문이다. 물과 소금이 부족해서 일어나는 원인을 알았으니, 물과 소금을 먹고 금방 고통에서 해방되었다.

고통을 파악하고 원인을 규명하고 처방을 해서 원인 제거를 하고 나면 고통이 사라진다. 고집멸도를 이룬 것이다. 땀 많이 흘리면 물만 먹어서는 안 되고 꼭 소금을 먹어야 한다는 것은 옛 어른들도 경험으로 알고 있었다. 오뉴월 보리타작을 할 때 꼭 간장을 물에 짭조름하게 타 놓고 땀을 닦으면서 수시로 마시며 일을 했다. 앞으로 살아가면서 땀을 많이 흘리게 되면 꼭 소금물을 적당히 마시도록 하는 걸 잊지 말아야 한다. 할아버지는 뼈저리게 경험했으면서도 가끔 깜빡하여 고통을 당하곤 한다.

지난여름도 무척이나 더워 땀을 팥죽같이 많이 흘리면서 일을 하다가 쓰러질 뻔한 적이 있었는데, 소금물을 얼른 먹고 겨우 정신을 차렸단다. 월남전에 갔던 우리 장병들에게도 수시로 모아놓고 억지로라도 소금을 먹도록 했다고 한다.

인연법과 사성제법을 설하신 부처님의 참뜻을 어느 정도 이해를 했겠지. 이 온 우주의 법은 인연법으로 이루어지고 있어서 우리들의 삶 속에 일어나는 모든 문제를 사성제법으로 다 해결할 수 있다. 사람들이 항상 추구하는 행복에도 한 번 적용해 볼까.

행복이란

과거세를 살다 간 사람들이나 현재세를 사는 사람들이나 미래세를 살아갈 사람들 모두가 추구하는 게 행복한 삶을 사는 거겠지.

행복론을 저술한 사람들이 상당히 많고 다 나름대로 행복에 관하여 이야기하고 있지만, 행복을 느끼는 주체는 본인이므로 본인의 마음속에 행복이 들어 있다고 본다.

행복이 고성제라면, 어떠한 것이 어떠한 상태가 행복한 것인지 파악하는 게 집성제에 속할 거고, 어떻게 하면 그 상태에 도달하려고 열심히 노력하는 게 멸성제에 해당할 거고, 마침내 그 상태에 도달해서 행복을 느끼고 행복한 마음속에 살게 되는 게 도성제에 속할 것이야. 사람마다 추구하는 행복이 서로서로 비슷한 게 대부분이겠지만, 사람마다 자라온 환경과 교육이 다 다르니까, 사람마다 추구하는 행복 철학도 다 제각각 일거다. 대부분 내용이야 뻔하지. 인간의 다섯 가지 욕심-재물욕, 명예욕, 식욕, 색욕, 수면욕-은 모두가 기본적으로 많이 가지고 싶어 하고 많이 누리려고 하지. 칠정 중에서 즐겁고 기쁘고 사랑하고 사랑받고 싶고, 가지고 싶은 걸 내 것으로 만들고, 누리고 싶은 것들을 모두 소유하고 싶고, 누리고 싶어 하는 모든 것들은 누구나 다 가지고 누리려고 하는 것들이고, 그 외에 개개인 모두가 자기만의 특정한 취미나 가치관에 따라, 가지고 싶고 누리려고 하는 게 있을 거고. 이 모두를 다 가지고 누려야만 행복하다고 목표를 정하고 한평생 노력하면서 때론 만족하고 행복에 젖기도 하고, 때론 절망과 불행 속에 산다고 슬퍼하면서 살아가는 게 보통의 중생들이 살아가는 행태이다.

그러나 누구라도 모든 걸 다 가지고 다 누리고 사는 사람은 없을 뿐만 아니라 많이 가질수록 마음 써야 하는 것들이 많아진다. '천석꾼은 천 가지 걱정, 만석꾼은 만 가지 걱정'이라는 옛말도 있지. 많이 가진다고 그게 행복이 아니라는 말이다. 소욕지족이라는 옛말도 있듯이 적더라도 자기가 만족하면 그게 행복이라는 말이다. 행복의 반대말은 불행이라고 하겠는데, 결국 행복을 제대로 알고 느끼려면 불행을 겪어봐야 행복을 알 수 있다고 하겠다. 살아가다가 어려운 일이 생겨 불행하다고 느낄 때, 이것을 행복을 알기 위한 인생의 한 단계에 불과하다는 것으로 생각하면 잘 극복해 나갈 수가 있다. 모든 것은 인연법에 따라 항상 변화해 나가는 것이다. 행복이라는 것도 불행이라는 것도 다 자신의 마음속에 있는 것이라고 할 수 있다. 그래서 부처님께서는 마음의 평화, 즉 행복을 느끼고 살아가려면 욕심을 버리고 살아가야 한다고 만나는 사람마다 강조하셨다.

생명체가 살아가는데 욕심이 하나도 없다면 살 수가 없겠지. 생명 유지를 하는 데 필요한 최소한의 욕심마저 버리라는 말이 아니라, 필요 이상의 욕심을 갖지 말고 살아가는 게 마음 편히 살아가는 방법이고, 마음이 편하고 정갈해야 온갖 현상과 실체가 제대로 보여 올바른 삶을 살아갈 수가 있음을 가르쳐 주신 것이다.

삼법인에 관해

부처님의 가르침을 요약하여 논해 놓은 게 삼법인이고 하나 더 추가하여 사법인으로 설명하기도 한다. 불교를 알려고 접하면 반드시 등장하는 것이고, 나중에 네가 불교를 공부하려고 할 때 자칫 오해할까 봐 할아버지가 미리 말해 주려고 한다. 법인이란 말은 불법의 도장, 즉 부처님의 말씀을 각인한 것이라고 의미하며, 삼법인은 제행무상, 제법무아, 열반적정을 말하며 사법인은 일체개고를 더해서 말하는 것이다. 하나씩 풀이해 주마.

'제행무상(諸行無常)'이란, 인연에 의해 일어나는 모든 일이나 현상들이 변하지 않는 것은 없다는 뜻인데, 자칫 모두가 다 사라지고 없어지는 것으로 생각하여 모든 게 허무하다고 여기는 잘못을 저지르고 있다. 끝없이 변화하는 것이지 절대 없어지지 않는 게 우주의 인연법이다.

'제법무아(諸法無我)'란, 인연 따라 일어나는 이 법(우주의 법칙과 우주의 모든 존재를 의미)이 끝없이 쉼 없이 변하니까 나라고 단정할 것이 없다. 어느 순간을 포착하여 이것이 나라고 하는 순간 벌써 지나가고 새롭게 변해 있으니까 나라고 단정할 게 없다는 의미다. 선교에서는 참 나를 찾으라 하니까, 얼른 생각하면 모순되어 보이지만, 선에서 찾는 나는 본질적인 나, 즉 법성게에서 말한 제법부동본래의 자리를 말하는 것이다.

'열반적정(涅槃寂靜)'은 모든 상념 관념이 다 가라앉은 고요한 마음의 경지를 말하는데, 불법을 공부하는 모두가 얻고 싶어 하는 경지이다. 이 경지에 있으면 걱정 근심이 없어졌으므로 평온 그 자체이고 상락아정(常樂我淨)이라고도 하고 해탈의 경지라고도 한단다. 변하지 않는 것이 없다는 게 인연법인데 어떻게 상락이 있고 아정이 있느냐고 생각이 들지도 모르지만, 깨달음의 자리 해탈의 자리에서는 공의 자리이므로 공에서는 반야심경에서 모든 근심 걱정이 사라진다고 했으니, 괴로움이 사라지니 당연히 즐거움만 있다고 말한 것이지. 아정도 공의 자리에서는 불구부정이라고 반야심경에서 말했으니 깨끗한 것이라고 표현한 것이야. 그 자리는 아직 가보지 않았으니 나도 잘 모르겠지만 공의 자리란 괴로움이 없는 것만은 분명하니까 상락아정이라고 표현한 것으로 생각된다.

'일체개고(一切皆苦)'는 우리에게 일어나는 모든 것들에 집착하는 이 마음 때문에 일어나는 괴로움을 말하는 것이다. 영원히 가지고 싶고 영원히 행복해지고 싶어 하는 이 마음 때문에 일어나는 고통을 말하는 것이다. 우주의 실상은 제행무상이고 제법무아인데, 변하지 않는 영원한 것, 변하지 않는 영원한 나를 추구하니 괴로울 수밖에 없지 않겠나. 그래서 부처님께서는 인연법을 이해하고 집착을 끊으면 열반의 경지를 얻을 수 있다고 가르쳐 주신 것이다.

제법무아라면서 열반의 경지를 얻는다니 이 무슨 가르침이냐 하면, 내가 있기는 있는데 변화해 가는 나의 어느 순간에 집착을 하지 말고 법의 전체를 바라보고, 제행무상과 제법무아를 알고 일체개고를 알고 일상생활의 부분적인데 집착하지 말고, 본래의 나를 알면 열반적정을 얻고 해탈하게 된다는 가르침을 주신 것이다. 본래 나의 참모습은 모든 고에서 해탈하여 열반적정에 있는 나를 말하는 것이다. 이해가 안 가고 어려우면 두고두고 공부해 나가면 된다. 한평생 수행만 하시는 스님도 깨닫기 어려운 경지니까.

불교의 시간

부처님 말씀인 경전에 보면 백천만 겁이니, 백천만 억 나유타 부처님이니, 항하사 모래알만큼이니 하는 숫자가 등장한다. 제일 큰 숫자는 법성게에 나오는 무량원겁이겠지. 수학적으로 말하면 무한대이겠지. 무한대는 수의 끝이 아니고 끝없이 커가는 걸 의미한다고 한다. 고대 인도에는 우리가 상상할 수도 없는 큰 숫자가 있었고 그 당시의 사람들이 알고 있었기 때문에 부처님께서도 말씀하신 거라고 생각이 든다.

알기 쉽게 현대적 수학 개념인 대수를 적용해서 나타내 보면 항하사는 1,052제곱, 아승기는 1,056제곱, 나유타는 1,060제곱, 불가사의는 1,064제곱이라 한다. 현대물리학에서는 온 우주의 입자 수가 10,100제곱이라고 한다니 우리가 평소에 접하는 일반 숫자의 개념으로는 상상하기도 힘든 수임이 틀림없다.

이러한 숫자가 우리에게 우주란 무엇이며 인과란 무엇이며 우리의 삶이 어떠한지 가르쳐 주신 경전이 있는데 바로 금강경이다.

금강경 제16분 능정업장분에서 부처님이 제자 수보리에게 설한 내용의 일부분을 소개한다. "수보리여, 내가 과거 헤아릴 수 없는 아승기겁을 생각건대, 연등 부처님을 만나기 전 팔백 사천억 나유타 부처님을 만나서 모두 공양하고 받들어 섬기어, 그냥 지나친 분이 없느니라."

금강경 제24분 복지무비분에서 부처님이 "수보리여, 만약 삼천대천세계 가운데에 있는 모든 수미산왕과 같은 칠보 무더기를 어떤 사람이 가져 보시한다고 하자. 또 어떤 사람이 이 반야바라밀경에서 사구게 등이라도 받아 지니고 외우며 다른 사람을 위해 설명해 준다면, 칠보로 보시하는 복덕은 경을 받아 지니고 읽고 외우며 다른 사람을 위해 설명하는 것의 백분의 일에도 미치지 못하며, 백천만 억 분의 일에도 미치지 못할뿐더러 나아가 어떤 숫자로 헤아리는 비유로도 미치지 못할 것이니라." 하셨다.

16분에서 부처님이 하신 말씀을 보면 우리들의 삶은 무한하다는 것을 알 수 있다. 아승기만 해도 큰 수인데 겁까지 붙었으니 얼마나 큰 숫자인가. 나유타는 더 큰 숫자인데 팔백 사천억 나유타라니 또 얼마나 큰 숫자인가. 그렇게 오랜 과거가 있었다는 것은 끝없는 미래도 있다는 걸 의미하며 무시무종, 즉 시작도 없고 끝도 없다는 뜻이다. 이렇게 많은 생이 있으니 이생폭망이라는 말을 함부로 만들어 살며 이생을 허투루 보내면, 누가 대신 해주지 않는 게 본인의 삶이니, 본인만 고통 속에 살게 되는 것이다.

마음이 행동을 일으키고 그 행동이 업이 되고 보로서 나타나기 때문에 함부로 마음을 먹고 행동하면 그 모든 것이 에너지이고 에너지 불멸의 법칙에 따라 그 에너지가 업이 되고 보로서 나타나서 변화된 자기를 만들어 나가는 것이 인연의 법칙이고, 어떻게 하면 더 나은 나를 만들기 위한 방법이 부처님의 가르침 즉 팔정도와 육바라밀이다. 부처님은 우리들의 삶을 더 잘 살아가라고, 매일 어떻게 살아가야 하는지를 가르쳐 주시고 가신 분이다. 아무리 많은 삶이 있다고 해도 순간의 연속이 전체의 일부분이므로 한순간 매 순간 진지하게 살아야 전체의 내 삶이 훌륭한 삶이 될 것이다.

24분에서 하신 부처님의 말씀은, 아무리 많은 칠보로 보시

해도 금강경 사구게를 받아 지니고 외우며 남을 위해서 설명을 해주는 공덕에 비하면 아무리 큰 숫자로 비교해도 미치지 못한다는 것이다. 아무리 많은 재물이라도 언젠가는 다 쓰고 없어지지마는 부처님의 말씀은 진리이기 때문에 결코 없어지거나 사라지지 않을 뿐만 아니라 사람을 고통에서 영원히 해방해 주기 때문이다. 재물이란 하나도 없으면 고통이 되겠지만, 그래서 누가 재물 보시를 해주면 일시적으로는 고통이 덜어지겠지만, 사람의 근원적인 고통은 결코 없어지지 않는다. 만약 재물이 많아서 고통이 없어진다면 부자는 고통 없이 즐겁게 살아가야 하겠지만 그런 부자는 한 사람도 없다. 스티브 잡스도 죽기 전에 인생 헛살았다고 했다. 재물은 살아가는 데 지장이 없을 정도만 벌면, 자기가 좋아하는 것을 하면서 살아가는 게 행복할 것 같은데, 그렇게 못한 게 후회된다고 했다.

그러면 금강경 사구게가 어떤 것인지 한번 살펴보자.

금강경 사구게

사구게란 어떤 경에서 제일 중요한 말씀을 네 개의 구절로 게송으로 만든 것인데, 금강경 외에도 지장보살 본원 사구게도 있고 화엄경 사구게도 있고 법화경 사구게도 있고 열반경 사구게도 있고 무량수경 사구게도 있고 아함경 중 칠불통계 사구게도 있고 천수경 사구게도 있다. 내용이 다 다르지만 전하고자하는 뜻은 수행해서 깨달음에 이르게 하는 데 그 목적이 있다. 모든 사구게를 다 알고 이해하고 전달하면 그 공덕이 어마어마하겠지만, 금강경 사구게 하나만이라도 제대로 잘 이해하고 숙지하고 실행하며 다른 사람에게 전해 준다면 그 공덕이 온 우주의 칠보를 보시하는 것보다 훨씬 크다고 하셨으니 금강경 사구 게라도 제대로 알아보기로 하자.

한문으로 되어 있으니 너는 보아도 잘 모를 것이니 나중에 한문을 알게 되면 다시 음미해 보아도 좋겠다. 지금 여기서는 한문을 우리글로 옮긴 후에 뜻을 새겨보기로 하겠다.

제1구게

범소유상 개시허망 약견제상비상 즉견여래
凡所有相 皆是虛妄 若見諸相非相 卽見如來

무릇 있는바 모든 것은 다 허망하다. 만약 형상과 형상 아닌 것 둘 다 볼 수 있으면 곧 여래를 볼 수 있다.

무슨 뜻이냐 하면 제행무상 제법무아를 이해하면 형상은 변하는 것이므로 허망한 것이고, 그러므로 그러한 형상에 집착하면 형상의 본질 즉 공을 볼 수 없다. 형상도 볼 수 있고 공도 볼 수 있어야만 여래를 볼 수 있다는 말이다. 공을 보려면 반야심경 관자재보살의 말씀을 알아듣고 수행해야겠지.

제2구게

불응주색생심 불응주성향미촉법생심 응무소주 이생기심
不應住色生心 不應住聲香味觸法生心 應無所住 而生其心

응당 색, 성, 향, 미, 촉, 법에 머물러서 마음을 내지 말 것이
요, 응당 머무는 바 없는 그 마음을 낼지니라.

우리의 일상적인 마음은 색, 성, 향, 미, 촉, 법 즉 대상에 대
하여 육근 육식에 의지하여 생기고 그것에 의지하여 판단도 하
고 살아가는데, 이 상태에 머물러서는 여래를 볼 수 없다. 대상
과 육근 육식에 머무르지 말고, 거기를 넘어선 마음자리에서
보아야 여래를 볼 수 있다는 말이다. 반야심경에서 관자재보살
이 색, 성, 향, 미, 촉, 법이 모두 공과 다르지 않고, 공에서는 대
상과 육근 육식이 다 없다고 했지. 대상과 육근 육식의 관계를
설명하면, 우리가 무엇을 본다는 것은 육근인 안, 즉 눈이 있
어야 하고, 대상 즉 물체가 있어야 하고, 육식인 안식이 있어야

볼 수 있다. 셋 중의 하나만 없어도 보이지 않는다. 눈이 있고
물체가 있어도 안식이 없으면 눈뜬장님이 되는 것이다. 다른 감
각도 다 이와 같은 작용을 해야만 인지할 수 있는 것이다. 불교
는 정말 과학적 분석으로 설명하고 있음을 실감할 수 있지.

제3구게

약이색견아 이음성구아 시인행사도 불능견여래
若以色見我 以音聲求我 是人行邪道 不能見如來

만약 형상으로 나를 보거나 음성으로 나를 들으려 한다면
이 사람은 삿된 도를 행함이라 능히 여래를 보지 못하리라.

부처님을 보았다, 부처님께서 말씀해 주셨다고 떠들어 대며
부처님을 팔아서 남을 현혹하는 사람은 삿된 도를 행하는 사기
꾼이니, 이런 사람은 여래를 보지 못한다. 부처님 살아계실 때

야 얼굴도 뵙고 말씀도 듣고 했겠지만, 형상과 음성이 여래가 아니므로 부처님의 참뜻을 알아야 진짜 여래를 볼 수 있다. 즉 부처님 말씀을 알고 수행해서 본인의 경지가 여래를 볼 수 있는 경지가 되어야만 여래를 볼 수 있다는 걸 강조하신 것이다.

제4구게

일체유위법 여몽환포영 여로역여전 응작여시관
一切有爲法 如夢幻泡影 如露亦如電 應作如是觀

모든 현상계의 법은 꿈과 같고 물거품 그림자 같으며 이슬과 같고 또한 번개와도 같이 순식간에 지나가는 것이니 응당 이와 같이 관할지라.

세상의 모든 현상과 존재와 법칙은 인연으로 나고 없어짐을 말하는 것으로 제행무상에서 설명했듯이 쉼 없이 변해가는 것이므로 집착을 버리라는 말이다. 사구게에서 전하고자 하는 말씀은 우리의 감각기관에 의지하여 판단하지 말고, 즉 형상과 음성과 현상에 집착해서는 여래를 볼 수 없다, 즉 깨달음을 얻을 수 없다는 것을 강조하신 것이다. 그러면 어떻게 해야 바른 깨달음을 얻을 수 있느냐 하면 금강경 본문에서도 강조하신 대로 팔정도와 육바라밀을 수행해야만 한다.

인공지능 시대를
어떻게 살아갈 것인가

하루가 다르게 인공지능이 눈부시게 발전하고 있다. 지식은 나날이 늘어나고 계산력은 상상을 초월하고 있으며 추론까지 하고 조만간 사람의 감각기관 육식도 다 갖출 것 같다. 곧 생각도 하고 자기 인식도 하게 될 것 같다. 사람이 그런 인공지능을 열심히 만들고 있으니, 사람과 생긴 것도 비슷하게 만들어 사람인지 인공지능 로봇인지 구별도 하기 힘들 정도의 제품이 머지않아 나올 것 같다. 친구가 될지 하인이 될지 모르지만, 대화도 하고 일도 함께하는 날이 곧 올 것 같다. 미래는 아무도 알 수 없지만 과거를 거울삼아 예상해 볼 수는 있겠지.

어떤 사람은 사람이 할 일이 없어 실업자가 양산되어 큰 사회문제가 될 거라면서 걱정하는 사람이 있는가 하면, 어떤 사람은 오히려 할 일이 더 많이 생길 거라고 하는 사람도 있다. 사람이 인공지능에 일을 다 맡기지 말고 사람이 주도권을 가지고 일을 해 나가면 일자리가 더 많이 생길 수도 있겠지만, 만약 인공지능에게 모든 일을 다 시켜놓고 사람은 쾌락이나 추구한다면 아마 인류가 인공지능에 지배당하고 멸절되는 일이 일어나지 말라는 법이 없겠지.

만약 인공지능이 사람의 말을 잘 듣고 시키는 일을 잘 한다고 해도 사람은 노는 시간이 많이 생기고, 실업자가 많아도 나라의 살림이 넉넉해지면 기본소득제도 같은 걸 만들어 소득분배를 잘해서 먹고사는 데 지장이 없다고 해도, 더 큰 문제는 할 일이 없는 사람이 뭐하면서 살아가나 그것이 더 큰 문제를 야기하게 될 것이다. 오락에 빠져 살거나 온갖 쾌락을 추구하는 데 몰두하면서 살아가면 그 또한 인류의 멸종을 초래할 가능성이 크겠지. 지금도 휴대전화에 코 박고 사는 사람들이 지천인데 AR 기기, VR기기가 더 발전하고 있고 더 좋은 환상적인 기기가 나오면 아마도 더 많은 사람이 눈 박고 코 박고 살아가게 될 것이고, 지금도 안경 끼는 아이들이 점점 늘어나고 있는데 그때가 되면 전부 다 안경 끼고 살지 모르겠다. 안경 끼는 것이 걱정이 아니고, 더 큰 걱정은 현실 세계인지 환상세계인지 구분도 못 하고 뇌에 이상이 생겨 돌아버리는 인간이 늘어날까 봐 그게 더 염려스럽다.

　이러한 세월이 도래하면 극복하는 방법은 부처님의 가르침인 육바라밀을 수행하며 특히 선정 바라밀을 자주 하여 뇌를 보호해야 할 것이다. 지금도 동서양을 막론하고 명상 붐이 일어나고 있는데 좋은 현상이라고 할 수 있다. 누구나 머리를 맑게 가지고 싶어 하는 본능이 있나 보다. 명상보다 더 머리를 깨끗하게 해주는 것이 선정에 드는 것이니, 너도 배워서 자주 하고 친구들에게도 가르쳐 주어 모두가 항상 맑은 정신을 가지도록 하여라. 일을 재미있게 하는 것은 좋은 습관이지만, 재미있는 놀이에만 정신을 빼앗겨 시간을 많이 보내면 인생을 허송세월하기 쉽다. 항상 보람찬 내 삶을 살아가겠다는 마음을 다져가면서 살아가기를 바란다.

부처님 가르침의 요점 정리

할아부지가 지금까지 한 말을 다 새겨듣고 이해했을 줄 믿는다만, 요점을 정리해서 한 번 더 간략하게 말해 주고자 한다.

인연법

부처님의 제일 중요하고도 첫 가르침인 인연법을 늘 생각하고 살아야 한다. 이 세상 그 무엇도 인연으로 이루어지지 않은 것이 하나도 없다는 사실을 알아야 하고, 지금의 현 상태는 현재까지의 인연에 의한 결과물이고, 앞으로 일어날 결과는 새로운 인연에 따라 생기는 것이라는 것을 알면, 내가 어떻게 해야 할지 알 수 있다. 내가 하기에 따라 결과가 달라진다는 사실을 명심하고, 항상 최선을 다하는 삶을 살아야겠다는 마음으로 살아가야 함을 알게 된다.

할아부지가 일상생활에서 인연법을 활용한 예를 하나 알려 주마. 내가 살고 있는 아파트에 승강기가 오래되어 새것으로 교체하는 작업을 하게 됐는데, 작업하는 동안 걸어서 오르내릴 수밖에 없었다. 처음에는 힘도 들고 짜증도 났지만 어쩔 수 없는 인연이니 감수할 수밖에 없고, 기왕 감수하려면 즐겁게 하자고 마음먹고 오르내렸다. 한 열흘 정도 지나니 승강기 교체 작업이 완료되어서 정상 가동이 되어 고생을 안 해도 됐지만, 고생한 인연을 좋은 인연으로 바꾸기로 마음을 먹었지. 운동 삼아 하루에 한 번씩은 그동안 단련된 근육을 계속 단련시키기로 작정했고, 지금 삼 년째 계속하고 있다. TV 건강 프로에서 의사가 계단 오르기 운동이 아주 좋다고 하기에 고무되어 매일 한 번씩은 오르내리고 있다. 내가 사는 층이 13층이니 조금 힘은 들지만 꾸준히 하니까 할 만하고 즐기고 있다. 인연을 잘 이용하는 예를 하나 들어 보았지만, 우리가 매일 어떠한 인연이든 인연을 만나니 이익 되게 잘 활용해 보도록 발상의 전환을 해 보자.

할아버지가 체험한 또 하나의 인연에 관해 이야기해 주마. 할아버지가 나이가 들어가니 무릎이 약간 아프기 시작한다. 의학적 용어로 말하면 퇴행성관절염이 시작되는 것 같다. 옛날부터 무릎이 아픈 데는 우슬이라는 약초가 좋다고 알려져 왔고, 마침 말려놓은 게 있어 달여 먹어보기로 했다. 정확한 용량을 모르면서 대충 생각으로 진하게 먹으면 효과가 빠르겠지, 하면서 진하게 달여서 한 잔 먹었더니, 두어 시간 후에 효과가 나타나는데 부작용이 생기기 시작하였다. 부정맥이 생기기 시작하였다. 부정맥이란 심장이 빨리 뛰다가 천천히 뛰다가 잠깐 안 뛰기도 하고 아주 견디기 힘든 증상이 온다. 숨이 차고 가슴이 두근거리고 심하면 금방 숨이 넘어갈 것처럼 기분이 나쁘다. 약물에 중독이 되거나 몸에 맞지 않은 음식을 먹거나 하면 누구에게나 찾아오는 증상이다. 아주 심하면 병원에 가야 하겠지만, 견딜만하면 두세 시간 지나면 차차 나아지기 시작하고, 정상적인 몸 상태로 돌아오려면 하루가 지나야 한다. 하루를 지나고 제정신이 되니까 내가 참으로 미련하고 생각 없이 살아간다는 걸 느꼈다.

　나 어릴 적 나의 아버지, 즉 너의 증조부께서 몸이 차다고 부자라는 약재를 달여 잡숫고 꼬박 하루를 고생하신 적이 있었다. 시골이고 옛날이라 병원 가는 것은 생각도 못 하고 그냥 낫기만을 부처님께 빌 뿐 다른 방법이 없던 시절이었다. 돌아가실까 걱정할 정도로 심하게 고생하셨다. 그런 간접 경험을 한 적이 있었는데도 오랜 세월이 지난 탓에 잊고 살아서 내가 지금 그런 실수를 똑같이 저지르고 말았다.

　약이 독이고 독이 약이라는 말을 알면서도 실수를 한 데는 나의 아버지나 나나 빨리 낫고 싶은 욕심 때문이다. 아버지가 잡수신 부자는 왕조시대의 사약 제조 원료인데 미량은 약이 된다고 의서에도 나와 있으니, 약이 되는 것만큼은 틀림없으나, 조금 많이 잡숫고 돌아가실 뻔했던 것이다. 과유불급이라는 사자성어가 있지. 무엇이거나 지나친 것은 모자람보다 오히려 못하다는 말이다. 너도 앞으로 살아가면서 낯선 음식이나 몸에 좋다는 약물도 정확한 복용량이나 섭취량을 알아서 먹고, 처음에는 조금 적게 먹어서 시험을 하거나 몸에 적응을 시켜가면서 먹도록 하여라. 꼭 명심하여라. 우리들이 살아가면서 지혜의 눈을 어둡게 하는 것은 욕심과 성냄과 어리석음이라고 부처님께서 말씀하셨다. 돈에 눈이 어두워, 명예에 눈이 어두워, 사랑에 눈이 멀어, 라는 말들도 있고 성내는 마음에 분노가 치밀어 오르면 눈에 보이는 게 없어진다고 하고, 몰라서 어리석어서 그렇게 했다고 하는 말들이 있다. 지혜의 눈이 어두워지는 순간 판단력이 떨어지고 실수나 과오를 저지르게 된다.

인연이란 만나는 것만이 아니고 자기가 만들어 가는 것이기도 하다. 위에서 들은 할아버지의 실수도 내가 만들어 낸 인연이기도 하다. 새해가 되면 '새해에 복 많이 받으세요'하는 덕담을 주고받는다. 복을 주고받는 것이 인연이기 때문에 '복 많이 지으세요'하는 말이 더 합리적이다. 짓는다는 것은 나를 위하는 일이기도 하고 남을 위하는 일이기도 하기 때문이다. 인연이란 우리들의 삶에서 일어나는 모든 현상이므로 인연 아닌 것이 하나도 없다는 사실을 꼭 염두에 두고 살아가기를 바란다.

팔정도와 육바라밀

그다음으로 중요한 것은 어떠한 마음가짐과 행동으로 살아야 하는지를 말씀하신 팔정도와 육바라밀을 실천하고 살아야 한다. 부처님은 수행자들이 깨달음을 얻기 위해서 어떻게 해야 하는지를 말씀하셨지만, 우리 재가 불자들도 이 가르침대로 살아가면 훌륭한 인격체를 가진 선남선녀로 살아갈 수가 있고, 평생을 그렇게 살아가면 언젠가는 깨달음을 얻을 수도 있을 것이다. 설사 깨달음을 얻지 못하더라도 멋진 삶을 산 결과를 얻을 것이고, 그 공덕으로 내세에 더 좋은 곳에 태어나 더 훌륭한 삶을 살게 될 것이다.

그다음으로는 사성제를 가르쳐 주신 부처님의 문제 해법의 비결을 배우고 실천하는 것이다. 앞에서 자세히 설명했으니 다시 한번 살펴보고, 살아가면서 해결해야 할 문제가 생길 때마다 원인 파악을 하고 해결책을 모색하여 해결하는 기쁨을 누리고 살아가면 행복한 삶이 될 것이다.

부처님의 가르침은 수행자에게는 깨닫는 길을 가르쳐 주신

것이고, 재가 불자들에게는 어떻게 하면 인생살이의 고통에서
벗어나 행복한 삶을 살아갈 수 있는지를 가르쳐 주신 것이다.

보왕삼매론

부처님이 설하신 것은 아니지만 살아가는 데 아주 도움될 만한 명언이 있어 소개해 주마. 보왕삼매론인데 이것은 중국 명나라 시대 선승 묘협 스님이 지은 것으로, 수행자뿐만 아니라 보통 사람들이 살아가는 데도 크게 도움 되는 교훈이다. 선승들의 어록은 모두 다 좋은 말씀들이 많지만, 보왕삼매론이 유명하고 삶에 많은 도움이 되고, 많은 사람도 그렇게 느끼고 있어 소개하기로 한다.

열 개의 좋은 말씀이 있는데 복잡한 인생살이가 어디 열 가지 만으로 해결되겠냐마는, 대표적인 고민을 이야기하고 있고, 이것들을 해결하는 지혜가 생기면 인생살이에서 다른 문제점들도 응용해서 해법을 찾는 데 도움이 될 것으로 생각한다.

첫째, 念身不求無病 身無病則貪欲易生

염신불구무병 신무병즉탐욕역생

몸에 병 없기를 바라지 말라. 몸에 병이 없으면 탐욕이 생기기 쉽나니.

사람은 누구나 건강하게 살아가기를 원한다. 당연히 건강하게 살아가야 한다. 건강이 중요함을 안다는 것은 아파본 적이 있다는 것을 의미한다. 늘 건강하면 건강에 대한 고마움을 모르고 마음이 교만해져서 탐욕이 생기기 쉽다. 탐욕이 생기기 시작하면 탐욕심은 끝이 없고 지나친 탐욕은 반드시 큰 화를 자초하여 인생을 망치게 된다. 그러므로 가끔 아픈 것은 자기를 돌아보는 계기가 되므로 고맙게 생각해야 할 일이다.

둘째, 處世不求無難 世無難則驕奢必起

처세불구무난 세무난즉교사필기

세상살이에 곤란함이 없기를 바라지 말라. 세상살이에 곤란함이 없으면 업신여기는 마음과 사치한 마음이 생기나니.

살아가면서 주의해야 할 일이 많지만, 잘 나갈 때는 마음이 교만해져서 남을 업신여기거나 억누르는 짓을 하기 쉽다. 사치를 부리는 마음도 자꾸 생기고 사치를 부리면 남에게 미움을 사게 된다. 그래서 어떤 계기가 올 때 따돌림을 받아 인생을 망치기 쉽다. 가끔 우리 주위에서 그러한 사람들을 보게 되고 뉴스거리가 되기도 하는 걸 본다. '있을 때 잘해'라는 노래도 있는 것처럼 잘 나갈수록 조심해야 한다는 경고다. 타인과의 관계를 잘 유지해 나가는 훌륭한 사람이 되려면 항상 겸손해야 한다.

셋째, 究心不求無障 心無障則所學躐等

구심불구무장 심무장즉소학렵등

마음공부를 하는 데 마음에 장애 없기를 바라지 말라. 마음에 장애가 없으면 배우는 것이 넘치게 되나니.

마음공부를 하게 되면 마음속에 장애가 일어남을 말한다. 장애란 가로막는 그 무엇을 말한다. 확 뚫려야 하는데 막히니 답답하고 그러면 대충하고 건너뛰게 되기 쉽다는 말이다. 이해가 안 되면서도 지나가거나 건너뛰어 버리면 목적을 이룰 수가 없다. 마음공부만이 아니고 이 세상 무슨 일을 해 나가든지 어려움은 반드시 있다. 어려움을 해결하려고 노력하기 때문에 더 성장하는 계기가 된다. 학교 공부도 마찬가지다. 확실히 이해하고 다음 단계로 넘어가야만 진정한 자기 실력이 된다.

넷째, 立行不求無魔 行無魔則誓願不堅

입행불구무마 행무마즉서원불견

수행하는데 마가 없기를 바라지 말라. 수행하는데 마가 없으면 서원이 굳건해지지 못하나니.

수행에는 마가 생긴다고 하는데, 마란 자꾸만 생겨나는 잡념을 말한다. 마음공부만이 아니고 학교 공부도 마찬가지다. 집중을 못 하고 잡념이 생기면 공부가 잘될 리 없다. 마는 피할 수 없지만 극복해야 하는 대상이다. 부처님도 수행하실 때 마왕이 와서 훼방을 놓았다는 이야기가 있다. 조금 역설적이긴 하지만 마가 있어서 극복하기 위해 더 집중할 수가 있다는 말이다. 역경이 생기면 극복해야 한다는 가르침이다. 역경을 극복하면 더 단단해진다는 말이다. 비 온 후에 땅이 굳는다는 말처럼.

다섯째, 謀事不求易成 事易成則志存輕慢

모사불구역성 사역성즉지존경만

일을 꾀하되 쉽게 되기를 바라지 말라. 일이 쉽게 되면 뜻을 경솔한 데 두게 되나니.

자기가 추진하는 일이 빠르게 잘 이루어지기를 바라는 마음은 누구나 다 가지고 있고, 그렇게 되도록 열심히 노력하는 것이 본분이다. 하지만 매번 일이 뜻대로 잘 이루어지면 마음이 교만해지고 엉뚱한 일을 벌이기도 하는 게 사람 마음이다. 일이 생각보다 잘 이루어지면 운이 좋았기 때문이고, 부처님의 가피력 덕분이라고 겸손하게 생각하는 마음이 생기도록 평소에 항상 그러한 마음가짐을 유지하고 살아가야 한다.

여섯째, 交情不求益吾 交益吾則虧損道義
교정불구익오 교익오즉휴손도의

친구를 사귀되 내가 이롭기를 바라지 말라. 내가 이롭고자 하면 의리를 상하게 되나니.

우리는 무엇을 하든지 항상 자기에게 이로운 일이 되도록 노력한다. 거의 본능에 가까운 마음이다. 친구는 인생살이에서 참으로 중요한 존재다. 남자는 자기를 알아주는 친구를 위해 뭐든지 희생할 각오를 하고 살아간다. 그러한 친구를 둔다면 천하를 주어도 바꾸지 않는다는 옛말도 있다. 서로 그러한 친구가 되어야 하고 되어 주어야 한다. 상대를 이롭게 하려고 노력해야지 내가 이롭게 되려고만 욕심을 부리면 의리만 상하는 게 아니라 친구 관계가 파탄나고 말 것이다. 항상 상대를 먼저 배려하는 마음을 가지도록 노력하라. 마음이 통하는 친구와 평생을 함께 잘 사귀어 가려면 되도록 금전 거래는 안 하는 게 좋다. 돈을 빌리지도 말고, 빌려주지도 않는 게 좋다. 정 급

한 일이 생겨 어쩔 수 없이 빌리거나 빌려주거나 할 때에는 못 받아도 서운하거나 원망하는 마음이 생기지 않을 정도의 금액만 주고받아라. 자칫 못 받을 때 원망할 정도의 큰 금액을 거래하면 돈도 잃고 친구도 잃게 된다는 걸 명심하여라.

일곱째, 于人不求順適 人順適則心必自矜
우인불구순적 인순적즉심필자긍

남이 내 뜻대로 순종해 주기를 바라지 말라. 남이 내 뜻대로 순종해 주면, 마음이 스스로 교만해지나니.

군대와 같은 조직은 명령에 따른 순종이 미덕이 되겠지만, 보통 사람들의 관계에서는 무조건적인 순종은 있을 수도 없다. 하지만, 성격상 군림하기를 좋아하는 사람은 남이 자기 말에 순종해 주기를 바라고, 강압적으로 할 수 있는 위치에 있으면 순종을 강요하게 된다. 자기 마음이 교만해지는 것도 문제이지만 사람과의 관계는 파탄이 나고 말 것이다. 항상 상대를 존중하고 의견을 묻고 합의점을 찾아서 서로가 기분 좋은 방안을 도출하도록 해야 한다.

여덟째, 施德不求望報 德望報則意有所圖
시덕불구망보 덕망보즉의유소도

공덕을 베풀려면 과보를 바라지 말라. 과보를 바라면 도모하는 뜻을 가지게 되나니.

공덕이란 남에게 이득이 되게 해주는 것을 말하는데, 앞에서 말한 보시바라밀에서 설명한 것을 다시 한번 상기해 보아라. 재물을 주든지, 지식을 주든지, 정을 베풀든지, 줄 때는 주고, 주고 난 후에는 주었다는 그 사실을 잊어버려야 한다. 내가 베풀었으니, 뭔가 대가가 있겠지 하고 기대를 하면 목적을 가지고 한 행동이 되는 것이기 때문에 공덕에 대한 진실한 과보는 생기지 않는다는 말이다. 진실한 과보란, 선업에 대한 선과가 저절로 이루어지는 걸 말한다. 부처님께서도 무주상보시, 즉 보시하고도 보시했다는 생각을 안 하는 보시가 최고의 보시이고 그 공덕이 크다고 하셨다. 성경에도 오른손이 한 일을 왼손이 모르게 하라는 말도 있다.

아홉째, 見利不求沾分 利沾分則痴心亦動
견리불구첨분 리첨분즉치심역동

이익을 분에 넘치게 바라지 말라. 이익이 분에 넘치면 어리석은 마음이 생기나니.

경제의 법칙은 최소한의 투자로 최대한의 이익을 얻는 것이므로, 내가 한 투자의 결과가 일반적인 상식을 뛰어넘어 엄청나게 많이 나면 좋을 것이다. 정말 운이 좋아서 어쩌다 한 번쯤 그런 일이 생기면 좋아하고 감사한 마음을 가지고 그 행운을 누려도 좋겠지만, 매번 그럴 일이 생기지도 않을 것인데 기대를 자꾸 하면 어리석은 인간이 되고 만다. 우주의 법칙은 인과의 법칙인데 어찌 인은 조금하고 과만 커지기를 바랄 소냐. 학교 공부도 마찬가지다. 노력은 조금 하고 성적은 좋게 나오기를 바라면 어리석고 못난 인간이 되고 만다.

열째, 被抑不求申明 抑申明則怨恨滋生
피억불구신명 억신명즉원한자생

억울함을 당해서 밝히려고 하지 말라. 억울함을 밝히면 원망하는 마음을 돕게 되나니.

우리들의 사회생활은 타인과의 관계 속에서 이루어진다. 관계를 하다 보면 남을 억울하게 할 수도 있을 것이고 내가 억울함을 당할 수도 있다. 남을 억울하게 하면 내가 보복당할 수도 있을 것이고, 반대로 내가 억울함을 당하면 보복하고 싶은 마음이 생길 수도 있을 것이다. 서로 억울한 일이 생기지 않도록 항상 서로를 배려하면서 관계를 유지해 나가는 게 제일 좋을 것이다. 여기서 말하고자 하는 것은 행여 내가 억울함을 당하면 그것을 밝혀서 억울함에서 벗어나고 싶겠지만, 그리하면 상대편에게 원망하는 마음을 일으켜 앙심을 품게 할 것이라고 경고한 것이다. 앙심을 품으면 어떤 형태로든 분쟁이 일어날 것이고 그 관계는 파탄이 나고 말 것이니, 억울하더라도 참으라는 말이다. 옛말에 '지는 게 이기는 것이다'라는 말이 있듯이, 잠시 억울하더라도 참고 지내면 사필귀정이 될 것이다. 언젠가는 잘잘못이 드러나서 내 억울함이 풀리게 되니, 당장은 참는 게 미덕이고 서로의 관계에 도움이 된다는 걸 강조한 것이다.

보왕삼매론의 전체 대의는 어려움은 참고 겸손하게 살아가라는 가르침을 강조한 것이라 하겠다.

당부의 말

손주에게 당부하는 말을 덧붙이면서 끝을 맺을까 한다.

화엄경에 '일체유심조(一切唯心造)'라는 가르침이 있다. 모든 것은 마음이 일으키는 현상이라는 말이다. 원효 스님이 의상 스님과 함께 당나라 유학을 가다가 충청도 어디쯤 동굴에서 밤을 지내는데, 밤중에 목이 말라 마신 물이 아침에 보니 해골바가지에 담긴 물이었다. 그 사실을 안 순간 구역질을 참을 수 없어 토하고 법석을 떨면서 생각해 보니, 밤에는 그렇게 맛있던 물이었는데 지금은 내가 왜 이렇게 난리를 칠까. 달라진 것이라곤 내 마음 상태가 바뀐 것밖에는 없다는 사실을 알아채고는, 아! 모든 게 일체유심조라는 말씀이 바로 이거로구나, 크게 깨닫고는 당나라 유학을 포기하고 신라로 도로 와서 마음공부를 열심히 하셔서 유식학의 대가가 되셔서 〈대승기신론소〉를 저술하셨다. 의상 스님은 원래 계획대로 당나라로 유학하러 가서 불교 공부를 열심히 하시고 귀국하신 뒤 저 유명한 법성게를 지으셨단다.

우리들이 살아가면서 행하는 모든 것은 다 마음에서 우러나오는 현상이다. 마음을 먹어야 행동이 나오고 행동하면 결과가 나오는 것이다. 행주좌와 어묵동정, 즉 가거나 머물거나 앉거나 눕거나 말하거나 침묵을 지키거나 돌아다니거나 가만히 있거나 모두가 내 마음이 결정한다. 이러한 모든 일상의 행동들이 다 마음에서 일어나서 행해지는 일들이므로, 불가에서는 그래서 일상이 도 아닌 것이 없다고 한다. 우리가 하는 모든 행위가 다 도 닦는 불교 공부라는 말이다. 열심히 공부하여 좋은 성적을 내고 좋은 학교에 진학하여 훌륭한 사람이 되자고 마음을 먹고 노력하는 그것이 바로 도 닦는 공부와 다름없다는 말이다.

부처님의 가르침은 우리들의 마음을 어떠한 상태에 두어야 한다는 것을 가르치신 것이다. 모든 것은 마음에서 일어나는 것이기 때문에 마음속에 담아두어야 할 것과 마음속에 지워버려야 할 것들을 말씀해 주신 것을 모은 것이 불경이라고 할 수 있다.

모든 것은 다 마음에서 일어나는 것이기 때문에 항상 좋은 생각을 하고 좋은 생각으로 마음을 꽉 채우고 살아가면, 좋은 행동을 하게 되고 그러면 좋은 삶을 살아갈 수 있고, 행복은 저절로 따라오고, 좋은 업이 쌓이고 쌓여서 내세에는 더 좋은 곳에 태어나고, 언젠가는 부처가 될 수도 있다는 것이 부처님의 가르침이다.

손주들이여! 항상 올바르게 생각하고 마음먹고 올바르게 행동하고 열심히 공부하고 살아가자. 올바르게 마음먹고 올바르게 행동하려면 앞에서 언급했던 팔정도와 육바라밀을 자주 읽고 마음에 항상 담아두고 생각하고 행동하면 된다. 자주 하면 습관이 되고 습관이 되면 소망하는 바가 이루어다는 사실을 항상 염두에 두고 팔정도 육바라밀을 습관화하자.

마음은 행동을 낳고 행동을 오래 하면 습관이 된다. 습관만큼 무서운 것도 없다. 우리들의 삶을 살펴보면 거의 습관으로 살아가고 있다. 나의 습관이 좋은 것인지 나쁜 것인지 항상 살펴보고 나쁜 습관은 버리고 좋은 습관은 더 좋도록 개선해서 살아가야 더 나은 삶을 살아갈 수 있다는 걸 명심하길 바란다.

이 책에서 언급된 손주는 이 세상의 모든 손주, 즉 손자 손녀 모두를 칭한 것이다. 우리들의 젊은이들 모두가 부처님의 손주들이다. 손주들이 마음먹는 앞날의 모든 일들은 다 소원 성취할 거라고 확신한다, 소원 성취하기 위해서는 팔정도와 육바라밀을 항상 마음에 담아두고 생활화하면서, 이루려고 하는 일에 매진하는 사람에게는 반드시 부처님의 가피가 내린다. 부처님의 가피 에너지는 우주 어디에나 에너지의 장으로 충만해 있으므로 반드시 교감된다.